via reise verlag

Harald Lachmann

AB INS GRÜNE

RUND UM LEIPZIG & HALLE

Oasen in der Großstadt

Grüne Orte ganz nah

Ab ins Umland

Pantheon im Dessau-Wörlitzer Gartenreich

Erleben und genießen

Kaum steigt die Sonne höher, drängt es den Städter mit Macht in die Natur. Ab ins Grüne! Am besten ohne Auto – nur zu Fuß oder im Fahrradsattel. Aber gelingt das heute überhaupt noch? Kann man ein ganzes Wanderjahr weitläufig durch das grüne Umland streifen, ohne einen Parkplatz ansteuern zu müssen?

Und ob das geht! Dieses Büchlein beschreibt nicht nur detailliert 37 Ausflüge rund um Leipzig und Halle, sodass ein Verirren praktisch unmöglich ist. Es lässt jede Tour auch konsequent an einer Bahn- oder Busstation beginnen und wieder enden. Selbst die Taktzeiten der Züge sind stets vermerkt. Damit lässt sich der Tag ins Grüne ebenso bequem daheim planen wie unterwegs dann einteilen.

Das Regional- und S-Bahnsystem um Leipzig und Halle ist längst hervorragend ausgebaut. Räder werden fast überall mitgenommen. Ein Blick auf das Streckennetz des Mitteldeutschen Verkehrsverbundes (MDV) zeigt die große Breite an Ausflugsvarianten im Dreiländereck zwischen Sachsen, Sachsen-Anhalt und Thüringen.

Die schönsten Ziele stellt dieser Tourenplaner zusammen – Naturparks und Seenlandschaften, Schlösser und Gärten, alte Städte und malerische Dörfer. Es finden sich Klassiker wie das Muldental, die Dahlener Heide oder die Saaleburgen, grüne Brückenschläge zwischen den Metropolen oder auch innerstädtische Ausflüge per Tram. Zu allen Touren liefert das Büchlein überdies Launiges wie Praktisches, es informiert über Gestern und Heute, empfiehlt reizvolle Museen und verrät nicht zuletzt, wo Einkehr lohnt.

GPS-Tracks
Für alle Touren können Sie die GPS-Tracks auf der Homepage des via reise verlags herunterladen. Damit lässt sich die Wegstrecke auf einem Smartphone oder einem anderen GPS-Gerät darstellen. Den Link und eine Kurzanleitung zur Verwendung der Dateien finden Sie bei den Informationen zum Buch: www.viareise.de.

Der Autor
Harald Lachmann ist studierter Journalist. Er lebt im Leipziger Umland und arbeitet als Autor und Korrespondent für Zeitungen und Zeitschriften in ganz Deutschland. Die Landschaft rund um Leipzig und Halle ist ihm seit der Kindheit vertraut. Um die schönsten Wege neu zu erkunden, wanderte und radelte er einen Sommer lang kreuz und quer durch die Region.

Oasen in der Großstadt

Um in Ruhe Natur genießen zu können, muss man in Leipzig oder Halle oft gar nicht weit gehen. Ob Clara-Zetkin-Park oder Rosental in Leipzig, ob Reichardts Garten oder Ziegelwiese in Halle: Beide Metropolen verzaubern mit ihren lauschigen Nischen all jene, die sich nach Erholung im Grünen sehnen.

Liegewiese im Leipziger Johannapark

Stille im Großstadtlärm

1

Rosental

Rosen gab es hier kaum und schon gar keinen Berg, der ein zugehöriges Tal benötigt hätte. Bis heute ungeklärt ist also der Name des grünen Refugiums, in dem vereitelte Protzbaupläne, große Dichtkunst und kostenlose Einblicke in die Tierwelt wie sonst nirgendwo aufeinandertreffen.

Entweder nimmt man die Tram vom Hauptbahnhof bis zum Zoo oder man bummelt durch die City westwärts zum Brühl und läuft am Naturkundemuseum vorbei durch die Rosentalgasse. So steuert man direkt auf die bereits 1708 angelegte **Große Wiese** im Rosental zu. Das Rosental diente lange den Markgrafen von Meißen als Nutzwald. Später ging es an die Kurfürsten aus dem Hause Wettin über. Einer von ihnen, August der Starke, hatte auch Großes damit vor. Im Schnittpunkt von 13 strahlenförmigen Schneisen plante er ein sächsisches Sanssouci. Doch die 50 000 Taler hierfür sollten die Leipziger selbst blechen. Zehn Jahre lang wehrte sich der Rat mit List und Geschick gegen des Monarchen Pläne. Man führte häufige Überschwemmungen und „lästiges Mückengeschmeiß" ins Feld, da gleich drei Wasser den Park umschließen.

Damit hatte man Erfolg, der starke August wurde schwach und gab klein bei. Einzig ein überdachter Aussichtsturm wurde im Schnittpunkt der Alleen errichtet. Doch im Verlaufe der Jahre verschwand auch der. Dafür lädt im Nordwesten des Rosentals, wo dieses am Stadion in das Niederholz übergeht, seit 1896 der **Rosentalturm** zum Besteigen. Er steht auf einem 20 Meter hohen Hügel zwischen recht dichtem Auenwald und heißt in Leipzig nur der „Scherbelberg". Denn man hatte ihn zuvor aus 60 000 Pferdefuhren Hausmüll angehäuft. Der Turm ist indes schon der zweite. Nachdem das hölzerne Original 1943 im Bombenhagel verbrannt war, wurde 1975 ein neuer gebaut – aus Stahl und nun gar 35 statt 15 Meter hoch. Von ihm aus sieht man noch den Flughafentower und die Hochhäuser Grünaus.

Im Jahr darauf eröffnete an der Großen Wiese auch das **Zooschaufenster**. Das ist eine mauerlose Begrenzung aus Strauchwerk und Wassergräben, über die man in einige Tiergehege blickt. Später kamen Spielplätze hinzu sowie Deutschlands einziger **Blindenpark**. Bereits ab 1837 hatte die Umwidmung in einen englischen Landschaftspark dem

Gohliser Schlösschen
Rokokopalais mit schönem Garten und Wasserspielen, regelmäßig Konzerte und Theater.

Menckestr. 23
04155 Leipzig
www.gohliserschloesschen.de

Café Musenhof im Gohliser Schlösschen
Hausgemachte Kuchen, Kaffeespezialitäten und Eis in exklusivem Interieur.

Gohliser Schlösschen und Schillerhaus in Leipzig-Gohlis

Rosental seine strenge Gliederung genommen. Brücken überspannen seither die Gewässer und auf der Hauptachse wächst eine Friedenseiche. Sie steht dort zum Gedenken an den Deutsch-Französischen Krieg, der 1870/71 wütete. Ringsherum, bis vor zum Teich, herrscht von früh bis spät reges Treiben durch Radler, Jogger, Spaziergänger oder Wagen schiebende Muttis.

Dass es einst hier elitärer zuging, belegen die Villen und Palais, die im Nordosten an das Rosental grenzen. Das prunkvollste ist das **Gohliser Schlösschen**, das man über die Turmgutstraße erreicht. Der Rokokobau von 1756 dient heute samt dem schönen Garten als Kulisse für Konzerte, Sommertheater, Bälle und Hochzeiten. Den eindrucksvollen Festsaal schmücken Gemälde des Leipziger Malers Friedrich Oeser.

Weniger glanzvoll, vielmehr unscheinbar wirkt gleich um die Ecke ein weißes Gartenhaus. Dahinter verbirgt sich ein bedeutsamer Ort für die Selbstfindung der Deutschen: das **Schillerhaus**. 1785 arbeitete hier der junge Friedrich Schiller und wurde von der sommerlichen Gohliser Luft zu seiner Ode „An die Freude“ inspiriert.

Schillerhaus
Hier schrieb Friedrich Schiller die Ode „An die Freude“. Ältestes deutsches Literaturmuseum im 1717 erbauten und damit ältesten erhaltenen Leipziger Bauernhaus.

Menckestr. 42
04155 Leipzig (Gohlis)

Spaziergang

Start:
Haltestelle Leipzig Zoo
Tram 12 alle 10–15 Min. oder 15 Min. zu Fuß ab Leipzig Hbf.

Ziel:
Haltestelle Menckestraße
Tram 4 alle 10–15 Min. nach Leipzig Hbf.

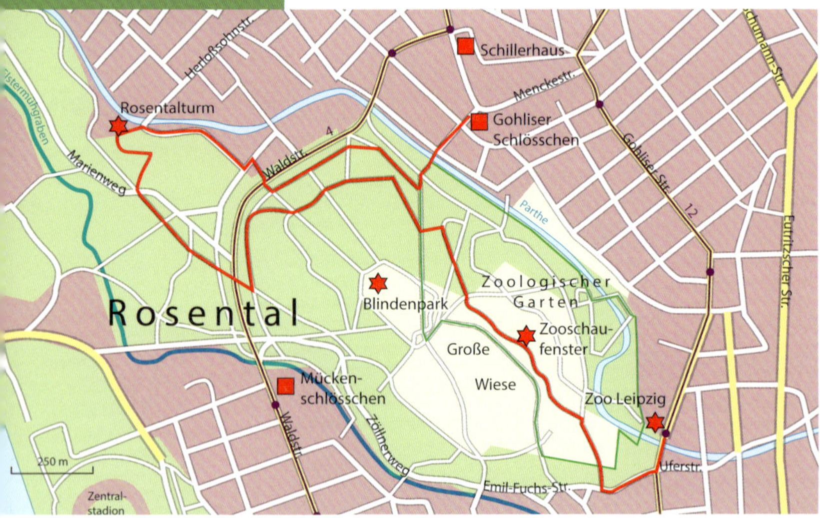

SCHILLER

Tiere ohne Gitter

2

Zoo Leipzig

Tiger leben wie in der Taiga, Hyänen mit Giraffen und Zebras in einer großen Savanne, Dschungelwege führen durch das abenteuerliche Gondwanaland, Gorillas tauchen aus dem Nebel auf. Leipzigs Zoo überzeugt mit beeindruckenden Naturbildern in großen Gehegen.

Erst ist da nur ein Rascheln im Unterholz, dann leuchtet ein Fell auf. Schwarzbraune Streifen auf gelbem Samt. Als plötzlich ein stechendes Augenpaar aus dem Dickicht starrt, erschaudert man für einen Moment. Gehören sie doch zur größten Raubkatze der Welt, dem Amurtiger. Imposante vier Meter lang kann er werden. Doch Yushka, wie die Tigerin heißt, hat nur Durst. Gemächlich trinkt sie im Wassergraben, der bis zur dicken Glasscheibe reicht. Dann verzieht sie sich wieder ins Unterholz von Leipzigs **Tiger-Taiga**, dem 1 200 Quadratmeter umfassenden Großkatzen-Gehege.

Der Architekt empfand hier stilsicher ein Stück Ostsibirien nach. Dazu ergänzte er den Altbaumbestand um Birken, Weiden und Schwarzkiefern. Ein künstlicher Bach speist die Wassergräben, in denen die Riesenkatzen zuweilen auch baden. Auf den ersten Blick erschließt sich hier, was man in Leipzig den **Zoo der Zukunft** nennt. Den Besuchern soll die Wildnis so weit wie möglich nachempfindbar gemacht werden. So sind etwa auf der Tigeranlage versteckte Futterstellen angebracht, die sich unregelmäßig öffnen, um die Tiere in Bewegung zu halten. Hier wird ein naturnaher Zoo ohne Gitter, dafür mit umgestürzten Bäumen, Felshängen, Schleichpfaden, großzügigen Wasserläufen und grünen Rückzugsnischen umgesetzt. Begrenzt werden die Gehege

Zoo Leipzig
Es gibt Gruppenermäßigungen, Eltern-Kind-Rabatte sowie preiswerte Abendkarten.

Pfaffendorfer Str. 29
www.zoo-leipzig.de

Oben: Das Gondwanaland kann man auch per Boot entdecken
Unten: Gepard in der Kiwara-Kopje

Safari-Büro
Zoolotsen vermitteln hier tierische Informationen und/oder begleiten auf individuellen Touren.

Tel. (03 41) 5 93 33 85

Südamerika-Anlage
Am Restaurant Hacienda Las Casas startet die Expedition durch den urigen Süden Südamerikas. Wilde Landschaften von Pantanal, Pampa und Patagonien sowie eine Flamingolagune mit Capybaras.

Zoobesuch

Start und Ziel:
Haltestelle Leipzig Zoo
Tram 12 alle 10–15 Min. oder 15 Min. zu Fuß ab/nach Leipzig Hbf.

meist durch Wasser- und Trockengräben, teils durch Panzerglas. Auch die Sicherheitsanlagen bleiben verborgen. So glaubt man auf der Afrika-Anlage **Kiwara-Savanne** den Augen nicht zu trauen: Wenige Meter neben grasenden Zebras, Säbelantilopen und Straußen faulenzt ein Rudel Tüpfelhyänen. Nur unsichtbare Drähte halten die natürlichen Feinde auf Distanz. Fast eine kleine Stadt für sich ist **Pongoland**, die weltgrößte Anlage für Menschenaffen. Die weitläufige Fels- und Grottenlandschaft wird derzeit von 54 unterschiedlichen Exemplaren bevölkert, darunter Flachlandgorillas, Orang-Utans, westafrikanische Schimpansen, Bonobos und Schopfgibbons.

Nahezu jährlich öffnen weitere Bereiche. Spektakulär mutet der weitgehend umgebaute Elefantentempel **Ganesha Mandir** an. Hier lassen sich die badefreudigen Dickhäuter sogar unter Wasser beobachten. Das absolute Highlight ist aber das **Gondwanaland**, eine überdachte Fläche, größer als zwei Fußballfelder, auf der man über verschlungene Dschungelwege entlang eines Urwaldflusses den tropischen Regenwald Afrikas, Asiens und Südamerikas mit allen Sinnen spürt. Wer mag, kann die tropische Landschaft hautnah auf einer Bootstour erleben. Fast 170 exotische Tierarten lassen sich hier inmitten des wilden Gesträuchs erspähen.

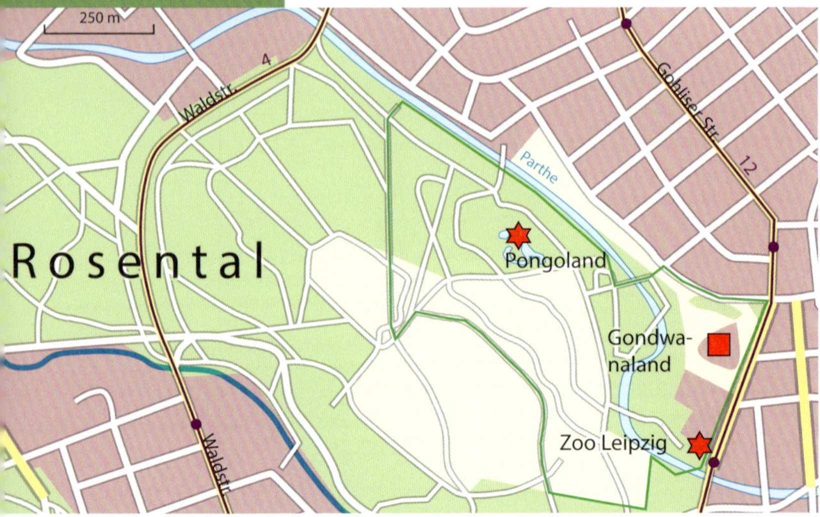

Von Gose zu Gose

3

Leutzsch – Dieskau

Radler trinken gewöhnlich Radler. Doch besondere Routen erfordern besondere Durststiller. Wenn man heute also den Gose-Wanderweg unter die Pneus nimmt, wäre es ein Frevel, andere Getränke als die Gose zu versuchen. Abstinenzler und Kinder selbstredend ausgenommen.

Schloss Dölkau

Im Grunde pflegt man damit sogar ein Stück kulturelles Brauchtum. Denn das obergärige Bier, das der Berliner Weißen oder der belgischen Geuze ähnelt, war einst *das* Volksgetränk zwischen Leipzig, Halle und Dessau. Allein in der Messestadt schenkten es noch bis zum Zweiten Weltkrieg gut 80 Lokale aus. Dann kam das jähe Aus, auch weil die Gose durch den Zusatz von Kochsalz und Koriander nicht dem deutschen Reinheitsgebot entspricht.

Erst 1986 eröffnete in Leipzig wieder eine erste Gosenschenke. Beliefert wurde sie, wie auch Dutzende weitere Lokale in der Stadt und im Umland, mit Döllnitzer „Ritterguts Gose". Diese braute man in der 1999 neu erstandenen Traditionsfirma W. Goedecke & Co. in Döllnitz nach einem alten Originalrezept. Das Rezept gibt es noch, gebraut wird nun aber kostengünstiger in Chemnitz. Döllnitz gehört dennoch zur heutigen Tour, zu der man am **Bahnhof Leipzig-Leutzsch** startet. Gleich hier beginnt der Auenwald. Über die Gustav-Esche-Straße gelangt man nach links über zwei Brücken, die sich über die Kleine bzw. die „große" Luppe spannen, zum **Auensee**. Unmittelbar davor stößt man auf den **Elster-Radwanderweg**, auf dem man sich links hält. Dass der hier noch recht lauschig über den asphaltierten Dammweg der Luppe statt den der Weißen Elster führt, stört dabei überhaupt nicht. Die Landschaft ist abwechslungsreich. Linker Hand sieht man die Nahle in die Luppe münden, rechts bald darauf tote Arme der Elster – die Hundewasser.

Man folgt nun den Schildern flussabwärts Richtung Schlobachshof. So gelangt man an der Gundorfer Linie zu einer Fußgängerbrücke über die Weiße Elster, die ins Domholz führt. Nach der Brücke hält man sich erst rechts und folgt später dem ersten Weg links in Richtung der legendären Domholzschänke. Nun sei eine zünftige Gose erlaubt! Das Lokal ist übrigens nach einem verheerenden Brand, der es 2002 fast völlig vernichtet hatte, neu aufgebaut worden. Anschließend radelt man weiter auf dem breiten

Dichte Weiden am Dorfteich in Zweimen

Waldweg westwärts, vorbei an einer großen Wiese und erneut durch Flusswald bis zur B 186. Die quert man und gelangt so nach wenigen Minuten nach **Kleinliebenau**. Die Route führt im Ort direkt auf die Gutshofstraße, wo mit dem Gasthaus Kleinliebenau lange Zeit ein weiterer traditioneller Gose-Gasthof – 1832 gegründet – in seinen schönen Biergarten zur Rast einlud. Doch im Moment ist er dauerhaft dicht, Corona lässt grüßen. Am besten also schon vorher ein, zwei Flaschen Gose ins Reisegepäck stecken... Denn es folgen leider noch weitere Gasthäuser, die die jüngeren Verwerfungen nicht überlebten.

So etwa in **Zweimen**, dem nächsten Etappenziel. Der Weg dorthin führt über die Gutshofstraße wieder aus Kleinliebenau hinaus und zunächst auf der wenig befahrenen Landstraße – unter der Autobahn A 9 hindurch – nach Horburg. Nach der Kirche taucht man hier unweit der Samariterherberge auf einem schmalen Weg halblinks in den **Horburger Hochwald** ein. Ein orange umrandetes Gose-Weg-Schild hilft beim Orientieren. Der Weg führt eine Weile geradeaus, kreuzt dabei einen größeren Waldweg und biegt dann halblinks ab, bis er an einer Kopfsteinpflasterstraße endet. Hier muss man sich links Richtung **Dölkau** halten. Es ruckelt aber nur kurz unter den Reifen, dann beginnt rechts ein gekiester Feldweg. Er stößt auf das schön restaurierte

Dölkauer Schloss, das man aber nur durch den Zaun bewundern darf. Es beherbergt jetzt ein Tagungsdomizil. Nun ist es nur noch ein Katzensprung nach Zweimen – entweder direkt über die Dorfverbindungsstraße oder etwas „grüner“ über die Luppebrücke, die man an einem freistehenden Baum links vom Schlossareal entdeckt. Von hier geht es links weiter über die Wiese am Nordufer des alten Luppebettes, dann durch den Wald bis zu einer kleinen Brücke mit rotem Geländer, wo man zuweilen Sumpfbiber am Ufer entdeckt, und schließlich nach Zweimen hinein. Hier, direkt an einem idyllisch von Trauerweiden umstandenen Teich, gab es auch lange ein lauschiges Gose-Lokal. Doch inzwischen ist es ebenfalls dicht.

Von Zweimen radelt man nun links auf der Dorfstraße bis zum Ortsausgang und hier gleich rechts. Es geht erneut über die Luppe und dann nach der nächsten Rechtskurve links westwärts bis zur Drei-Eichen-Kreuzung. An der biegt man links zum **Raßnitzer See** ab und folgt dessen Ufer Richtung Wallendorf. Wer schon wieder Durst verspürt, folge den Schildern, die nach links entlang der Luppe zum Historischen Weinkeller Wallendorf locken – ein beliebter Radlertreff. Schon August der Starke soll hier 1538 verkehrt sein. Wer indes noch durchhält, bleibe auf dem Seeweg. Er erreicht so nahtlos den **Wallendorfer See**. Man nehme jedoch kurz zuvor den Verbindungsweg zwischen beiden Gewässern, biege rechts auf diesen ein und am nächsten Wegedreieck dann wieder links, also Richtung **Burgliebenau**.

An der Nordwestspitze des Raßnitzer Sees lohnt unbedingt eine kleine Rast an den breiten Uferwiese. Man kann hier im Sommer baden oder den 15 Meter hohen überdachten Aussichtsturm entern. Er erlaubt einen tollen Ausblick darauf, wie sich der 1991 stillgelegte Tagebau Merseburg-Ost nach Abschluss von Böschungsgestaltungen, Begrünung und Aufforstung inzwischen mauserte. Denn die Region um Burgliebenau ist ein Kleinod für Wanderer, Radler, Angler, Paddler, Naturfreaks und auch Orgelfreunde. Nicht zuletzt die Wasserqualität des Wallendorfer Sees, an dessen Nordostufer sich auch ein FKK-Strand ausbreitet, wird weithin gerühmt. In der **barocken Dorfkirche**, die man vom See jenseits der Landstraße („Fürstendamm“) über die Dorfstra-

Waldgaststätte Domholzschänke
Direkt im Wald, gemütliches Interieur, großer Biergarten, traditionelle deutsche Küche mit Schwerpunkt auf Wildklassikern. Empfehlenswert sind das Hirschgulasch „Jagdmeister Art“ und die geschmorte Hasenkeule in kräftiger Rotweinsauce mit hausgemachten Serviettenknödeln.

Domholz 1
04435 Schkeuditz
www.domholzschaenke.com

Aussichtsturm am Raßnitzer See

Gose-Gasthof Bad
Dorfkneipe im besten Sinne, authentisches Gose-Lokal mit eigener Brauerei. Hier erfährt man viel Wissenswertes zu dieser Bierspezialität. Mit Pension.

Elstergasse 4a
06258 Schkopau
(OT Döllnitz)
www.gaststaette-bad.de

ße erreicht, finden überdies regelmäßige Sommerkonzerte statt. Organisiert werden sie vom Leipziger Gewandhausorganisten Michael Schönheit, der in Burgliebenau wohnt.

Einkehr bietet der „Lindenhof", rechts des Weges in Lochau gelegen, wenn auch nur nachmittags. Natürlich gibt es auch Gose. Das Besondere an dieser obergärigen Biersorte ist, dass beim Brauen neben der alkoholischen noch eine bakterielle Milchsäuregärung stattfindet. Diese erzeugt den typischen säuerlichen Geschmack. Eine weitere Eigenart besteht im Zusatz von Kochsalz und Koriander. Erfunden wurde die Gose in der Harzstadt Goslar. Ihr Name rührt vermutlich vom Flüsschen Gose, dem die Braumeister im Mittelalter das Wasser zur Bierherstellung entnahmen.

Um nach Döllnitz zu gelangen, rollt man die Dorfstraße bis zum Ende, nimmt eine Brücke über das alte Elsterbett, ruckelt ein kurzes Stück über Kopfsteinpflaster und gelangt so zum Damm der Weißen Elster. Auf diesem radelt man nach rechts bis zur Straßenbrücke über den Fluss. Man überquert diese gen Lochau, bleibt aber gleich wieder am Ufer, das nach links durch schöne Flusslandschaft bis **Döllnitz** bringt. Am Ortseingang muss man nach links bis zu einem schmalen Fußweg Richtung Kir-

Rastende Radler am Raßnitzer See

che. Hinter der verfallenen Döllnitzer Mühle geht es dann geradeaus durch die Elstergasse zum Döllnitzer Gasthof „Bad". Nirgendwo sonst lässt sich „Ritterguts Gose" authentischer genießen.

Die letzte Etappe führt schließlich weiter durch die Elstergasse nach links in Richtung des maroden Döllnitzer Gutes und dann halbrechts in die Ledermannstraße. Die führt geradewegs in die Gosestraße (Welch Ehre für ein Bier!) und von hier dann über einen Berg durch Felder und Wiesen nach Dieskau. Auch dieses Dorf mit seinem großen Landschaftspark und dem aufwendig restaurierten Renaissanceschloss ist eine Verschnaufpause wert. Leider hatte sich der neue Schlossherr 2003 überhoben, der Bau stand zur Zwangsversteigerung und ist bisher nur teilsaniert. Auch die Gaststätte schloss zunächst dauerhaft, nur für Feiern und gelegentliche Konzerte öffnet sie noch. Wirklich schade!

Im Sommer finden in der sehr schön erneuerten Kirche gleich daneben Konzerte statt. In ihr wurde übrigens 1651 eine gewisse Dorothea Taust getauft – die Mutter des später berühmten Georg Friedrich Händel. Bis zur S-Bahn-Station Dieskau sind es vom Schloss dann noch einmal 2,5 Kilometer zu strampeln.

Dieskauer Schloss
Rustikales Haus mit Gartensalon, Sonnenterrasse, Gewölberäumen und Freilichtkino im Schlosshof.

Schlossplatz 1
06184 Kabelsketal
(OT Dieskau)
www.schloss-dieskau.de

Schlossführungen ab 10 Personen auf Vorbestellung und nach individueller Absprache möglich. „Dieskauer Musiksommer" in der Kirche (Juni–Sep. So 15 Uhr).

Radtour: 35 km

Start: S-Bhf Leutzsch
Tram 7 alle 10–15 Min., S1 alle 30 Min., RB 20 stdl. ab Leipzig Hbf.

Ziel: S-Bhf Dieskau
S3 alle 30 Min. nach Leipzig Hbf.

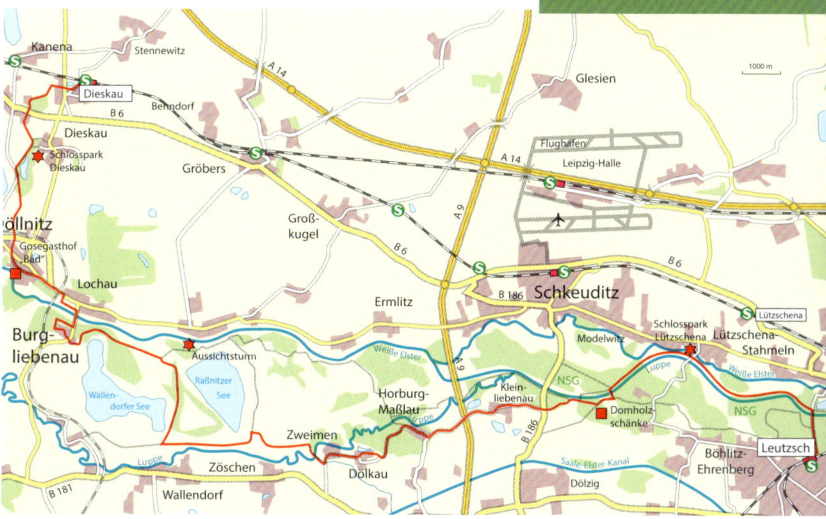

An der Costa Cospuda

4

Cospudener See

Sachsens längster Sandstrand ist das heutige Ziel einer Tour, die von der Innenstadt überraschend schnell in den ersten Park und danach nur noch durch Grün bis nach Neuseenland führt. Hier wartet ein Flair à la Mecklenburg.

Ortskundige Leipziger können diese Tour überall in der City beginnen, der Einfachheit halber startet sie hier am **Hauptbahnhof**. Zunächst radelt man über den Willy-Brandt-Platz in die Ritterstraße, welche hinter der Grünanlage vor der Osthalle ansetzt und bis zum **Nikolaikirchplatz** verläuft. Rechts vor der Nikolaikirche biegt man in das Schuhmachergässchen ein, das mit einem leichten Rechtsschwenk über das Salzgässchen zum **Markt** führt. Hier thront das **Alte Rathaus**. Heute beherbergt es Teile des **Stadtmuseums**. Auf seiner Rückseite, am Naschmarkt, strahlt die barocke **Alte Handelsbörse**, das erste Versammlungshaus der Leipziger Kaufmannschaft. Sehenswert ist am Nordende des Marktes die **Alte Waage** von 1555. In ihr mussten dereinst alle Messegüter gewogen und verzollt werden.

Am Markt orientiert man sich südwärts Richtung **Thomaskirche**. Von dort rollt man vor bis zur Burgstraße und auf dieser links zum Burgplatz. Hier hält man sich halbrechts und erreicht so jenseits des breiten Dittrichrings die radlerfreundliche Grünanlage vis-à-vis dem Neuen Rathaus. An deren Ende muss man nur noch über die Friedrich-Ebert-Straße, schon taucht man ins Grün des Johannaparks. Auf den Wiesen rund um den Teich mit seiner Fontäne und den possierlichen hölzernen Brücken herrscht bei gutem Wetter Picknickstimmung.

Man durchfährt den Park rechts des Teiches. An der dicht frequentierten Edvard-Grieg-Allee nutzt man die Mittelinsel, um in den hinteren Parkteil zu gelangen. Links lässt man zwei Hügel liegen. Ein Wegweiser zeigt nun den Cospudener See an und führt nach links, also weg vom Hauptweg, hin zur Anton-Bruckner-Allee, der Hauptachse des **Clara-Zetkin-Parks**. So nennt sich die 125 Hektar große Grünanlage am Rande der Leipziger City, die 1955 durch Zusammenlegen mehrerer historischer Parks entstand. Mit mehreren Teichen und Wasserbecken, großzügigen Brücken, Spielplätzen, Musikpavillon und Freilichtbühne, einer Skaterbahn und der populären Gaststätte „Glashaus“ ist der Clara-Park, wie man ihn heute meist nennt, Leipzigs wohl beliebtester Erholungspark. Parallel zum Elsterflutbett radelt man an der breiten Sachsenbrücke vorbei bis zum Schleußiger Weg. Ein paar Meter weiter rechts findet man eine Fußgänger-

Restaurant Glashaus
Direkt im Clara-Zetkin-Park. Leicht trendig, lockerer Umgangston, beliebt bei jungen Familien und Studenten. Großer Biergarten, deutsches und mediterranes Angebot, ambitioniert gekocht, dennoch eher preiswert.

Karl-Tauchnitz-Str. 26
04107 Leipzig
www.glashaus-leipzig.de

Sole Mio Seeterrasse
Innenraum mit hellem mediterranem Ambiente, gemütlichen Holzstühlen und großem Pizzaofen. Auch in der kühleren Jahreszeit wunderschöne Atmosphäre.

Hafenstr. 23
04416 Markkleeberg
www.solemio-seeterrasse.de

ampel, die einen über die Schnellstraße bringt. Weiter geht es geradeaus rechts der **Pleiße** entlang. Nach dem Wehr wechselt man die Uferseite und rollt auf der Neuen Linie durch den dichten **Auenwald**. Sobald er sich lichtet, geht es weiter geradeaus durch den Equipagenweg im Markkleeberger Wolfswinkel bis zu einem stillgelegten Bahngleis. Das überquert man, ebenso wie wenig später an einer Fußgängerampel den Ziegeleiweg. Nach dem Floßgraben muss man lediglich links abbiegen und am Waldsee Lauer vorbei geradeaus strampeln, dann hat man die **Costa Cospuda** erreicht.

Der **Cospudener See** ist derzeit das Vorzeigestück des schnell wachsenden **Neuseenlandes**. Wenig erinnert an dem 4,4 Quadratkilometer großen, glasklaren Gewässer noch an dessen Vergangenheit als Großtagebau. In seinem Namen überlebte übrigens ein Dorf, das erst 1974 der Braunkohle geopfert wurde. Am **Wassersportzentrum Pier 1** am Ostufer des Sees, dem Zöbigker Winkel, entstanden drei skandinavisch anmutende große Hafenhäuser für Bootsschulen, Gastronomie, Verkaufsshops, Wassersportservice und eine Sauna mit Seezugang. Auch ein Fahrgastschiff legt hier an. Die luftigen Stege umhüllt ein Feeling à la Mecklenburg.

Auf einer knapp 11 Kilometer langen Asphaltpiste lässt sich der See umrunden. Anschlusswege führen von hier zum Funpark Belantis, zum Elsterstausee, zum Kulkwitzer See, zum Südlichen Auenwald und zum **agra-Park**. Die Seerunde möge sich jeder ganz nach Gustos einteilen. Am Ufer dösen,

Ein schöner Radweg führt um den Cospudener See

mit oder ohne baden, am Westufer die geschützte Natur genießen oder die 180 Stufen zum Aussichtsturm auf der künstlich aufgeschütteten **Bistumshöhe** erklimmen. Von hier lässt sich Leipzigs Skyline in ihrer ganzen Pracht bewundern.

Auch für die Rücktour bieten sich mehrere Möglichkeiten: Die bequemere führt über den S-Bahnhof Markkleeberg-Großstädteln. Den erreicht man von der Pier 1 über die Zöbigker Straße. Die Strecke führt immer an der Harth entlang. Oder man nimmt es sportlicher und radelt auf einer alternativen Route retour. Die führt über den Nordstrand mit den künstlich geformten Dünen und einer langen Holzplankenpromenade in einen kleinen **Landschaftspark**. Eine Ausstellung plaudert hier über die Bergbaugeschichte und den Wandel im Südraum Leipzig.

Radtour: 32 km hin & zurück (inkl. Seeumrundung)

Start und Ziel: Leipzig Hbf.

Rückfahrt alternativ: S-Bhf Markkleeberg-Großstädteln S6 ca. alle 30 Min. nach Leipzig Hbf.

Man radelt längs einer 1,5 Kilometer langen Erlebnisachse bis zum asphaltierten Lauerschen Weg. In den biegt man links ein, nimmt geradeaus die Strecke durch die Schrebersparte „Am Badeweg“ und hält sich an der Brückenstraße rechts bis zur Fußgängerampel. Nach der Straße geht es über das tote Gleis, danach links zum Teilungswehr. Wo sich der Weg gabelt, wählt man den linken Arm zur Flussmeisterei. So gelangt man zur Brücke über das Elsterflutbett, an dessen linkem Ufer man dann nordwärts zurück nach Leipzig rollt. Anfangs führt die Strecke ein Stück durch eine weitere Gartenanlage. Schließlich erreicht man den Schleußiger Weg, bevor man im Auenwald verschwindet. An der Wegspinne „Die Nonne“ biegt man rechts Richtung Scheibenholz ab. Hinter der Brücke an der Pferderennbahn liegt der Clara-Zetkin-Park, von wo man über die Bruckner-Allee und den Johannapark gen Innenstadt rollt.

Lützen – Lausen – London

5

Kulkwitzer See

Einst Leipzigs Badewanne, ist der Kulkwitzer See immer noch das Riesenplanschbecken der Grünauer. Die neuen Seen im Süden werden noch lange brauchen, um dem „Kulki“ und seiner ausgeprägten Infrastruktur das Wasser reichen zu können. Und nun geht es im Sattel von hier auch noch nach Lützen.

Auch der **Kulkwitzer See** war einst Braunkohletagebau, wurde Mitte der 1960er-Jahre geflutet und nennt sich seit 1973 Naherholungsgebiet. Bis heute ist sein Wasser Maßstab für Badeseen in ganz Mitteldeutschland. Wegen seiner spannenden Unterwasserfauna und -flora zählt er überdies zu den Top 10 der bundesweit spektakulärsten Tauchgewässer. Das bemerkt der Walker, Radler oder auch Surfer freilich nicht. Er findet indes Schatten unter mittlerweile hochgewachsenen Bäumen, döst nach dem Schwimmen auf längst tief verwurzelten Liegewiesen oder kann seinen Bello im Pappelwald zwischen Göhrenz und Markranstädt von der Leine lassen. Aus der originellen Schiffsgaststätte, die sich hier befand, ist mittlerweile eine schicke Eventlocation für Firmenfeiern und Hochzeiten geworden. Damit wird sie ihrem Ruf gerecht. Immerhin hatte es schon reichlich Aufsehen erregt, als die 53 Meter lange MS „Frieda", ein früherer Saale-Lastkahn, 1972 in drei Teile zerlegt angerollt kam und am Ufer wieder verschweißt wurde.

Fraglos lässt sich am Kulki ein ganzer Tag verbringen, wahlweise voller oder auch ohne allen Müßiggang. Oder sogar ein mehrtägiger Urlaub, wie das Ferienresort auf einer Halbinsel am Ostufer belegt. Doch seit der See Anschluss an den **Elster-Saale-Radweg** bekam, bietet sich ein Ausflug ins nur 10 Kilometer entfernte geschichtsträchtige **Lützen** an. Praktisch rollt man damit auf der alten Bahntrasse Lützen – Lausen – London, wie der Volksmund einst über die Nebenstrecke witzelte. Denn die neue Radpiste wurde in der Tat über das Gleisbett der stillgelegten Bahnlinie asphaltiert.

Man startet dazu – vom S-Bahnhof Miltitzer Allee kommend – beim **Hochseilgarten** am Ostufer und rollt immer am Seeufer entlang südwärts Richtung **Lausen**. Es folgen die Dörfer **Göhrenz** und **Seebenisch**.

Hat man **Räpitz** erreicht, sind es nur noch exakt 3,1 Kilometer bis zu einer Wegkreuzung bei **Meuchen**, die nach rechts zum Lützener **Martzschpark** führt. Der zeigt sich recht vielfältig mit einem kleinen Heimattierpark, einem Kletterwald und einem hoch aufragenden Gedenkbaldachin vor einer schönen Kapelle. Hier weht überraschend eine schwedische Fahne. Eine Tafel davor klärt indes schnell auf:

Gaststätte Rotes Haus, Kulkwitzer See
Klinkerbau, der 1953 als Transformatorenstation für den Tagebau errichtet wurde. Heute saisonale Strand- und Eventlocation, kein à-la-carte-Restaurant. Große Seeterrasse nach Süden, schöner Innenraum, Kaminofen. Aber nur gastronomische Strand- und Imbissversorgung. Hausgemachtes Eis.

Salzweg 1
04207 Leipzig
www.rotes-haus-leipzig.de

Gustav-Adolf-Gedenkstätte Lützen
Erinnert wird an den 1632 im Dreißigjährigen Krieg bei Lützen gefallenen Schwedenkönig Gustav II. Adolf. Zur Gedenkstätte gehören eine Kapelle von 1907 und zwei schwedische Holzhäuser.

Gustav-Adolf-Str. 42
www.luetzen-info.de

Führungen jede halbe Stunde.

Sonnenuntergang am Kulkwitzer See

Museum Schloss Lützen
Große Dioramen zu historischen Schlachten, Ausstellung über den Dichter Johann Gottfried Seume.

Schlossstr. 4
06686 Lützen

Parkrestaurant Lützen
Originelles Steakhaus mit breiter Speisekarte.

Gustav-Adolf-Str. 38
06686 Lützen
www.parkrestaurant-luetzen.de/

Rad- oder Wandertour:
25 km (inkl. Seeumrundung)

Start und Ziel:
S-Bhf Miltitzer Allee
S1 alle 30 Min. ab/nach Leipzig Hbf.

In der Schlacht bei Lützen, einem der Hauptscharmützel des Dreißigjährigen Krieges, war im November 1632 Schwedenkönig Gustav II. Adolf gefallen. Er führte damals das protestantische Heer gegen die katholischen kaiserlichen Truppen unter Wallenstein an. Den 1837 eingeweihten gusseisernen Baldachin entwarf übrigens Karl Friedrich Schinkel.

Die **Gustav-Adolf-Gedenkstätte** liegt direkt an der B 87, über die es nur wenige hundert Meter in die historische **Lützener Altstadt** sind. Der Markt protzt mit kompakter Geschlossenheit im Stil der Neurenaissance. Und natürlich thront auch am 1884/1885 errichteten Rathaus eine überlebensgroße Sandsteinfigur des Schwedenkönigs. Mehrere kleine Cafés laden hier zum Verweilen ein. Mehr zur Geschichte der Stadt und über die berühmt-berüchtigte Schlacht von 1632 erfährt man im **Stadtmuseum**. Das quartierte sich im Lützener Schloss ein und zeichnet anhand eines Großdioramas das Gemetzel nach.

Für die Rücktour Richtung Leipzig empfiehlt es sich, vom Schloss aus durch die Straße Rosental zu fahren und dort weiter über die Meuchener und die Lützner Straße. So gelangt man auf den Elster-Saale-Radweg und damit zurück zum Kulki, der nun ganz nach Lust und Laune linker Hand umrundet werden kann.

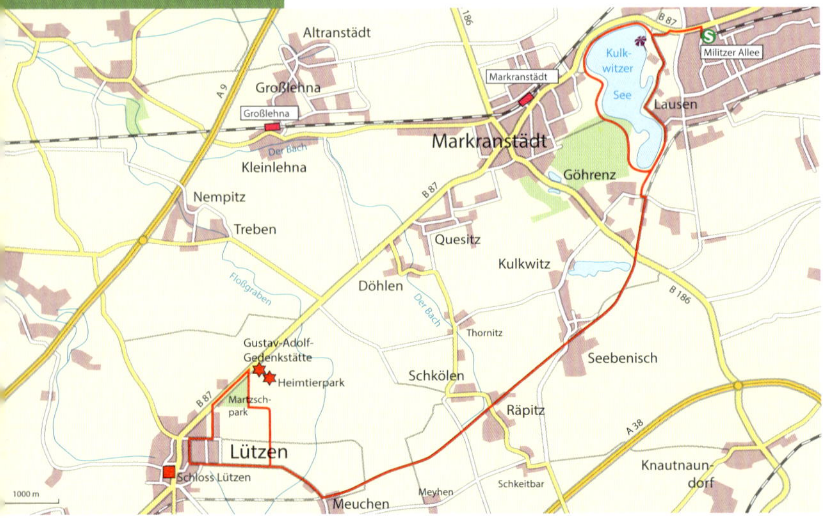

Inter-City-Express

6

Halle – Leipzig

Per Zug nach Halle und im Sattel geruhsam zurück nach Leipzig – eine reizvolle Vorstellung. Die flache, familienfreundliche Tour verbindet beide Metropolen auf sympathische Weise. Die Radwege führen meist am Wasser entlang. Unterwegs sorgen Kulinarisches, Lehrreiches und Besinnliches für angenehme Zwischenaufenthalte.

Die S-Bahn fährt innerhalb von 32 Minuten zum Bahnhof **Halle-Messe**. Von hier radelt man zunächst südwärts in Richtung **Bruckdorf** und kommt rasch bis zur B 6. Wenn man sich hier ein Stück links hält, erreicht man eine Ampel über die Bundesstraße. Gleich hinter der Brücke über die **Reide** geht es weiter nach Süden, nun direkt am Ufer entlang. So rollt man geradewegs in den schönen **Dieskauer Schlosspark** (► Seite 21).

Nun säumen auch größere Gewässer die Route: erst zur Linken der **Große Mühlteich**, dann – nachdem man über eine Brücke auf die andere Seite der Reide gewechselt ist – der bei Kanuten und Ruderern beliebte langgestreckte **Osendorfer See**. Der Weg kreuzt eine Bahnlinie und eine Landstraße und mündet schließlich auf den Gose-Weg – benannt nach einer hier kräftig wiederbelebten obergärigen Biersorte (► Seite 16).

Der Gose-Weg verläuft nach **Döllnitz**, wo man im alten Rittergut wieder Gose braut. Man folgt der Route auf der Döllnitzer Hauptstraße gen Lossau, lässt sich von „Gose-Weg"-Schildchen auf den autofreien Damm der Weißen Elster leiten und wechselt bei Lossau das Ufer. Nun rollt man zwischen **Wallendorfer See** und **Raßnitzer See** (Baden erlaubt!) einem hölzernen **Aussichtsturm** entgegen. Dessen Kanzel gewährt eine schöne Aussicht über das gelungen renaturierte frühere Salzkohlerevier. Wenig später führt eine Brücke auf die linke Elsterseite zurück. Fortan geht es auf dem **Elster-Radweg** anfangs durch kleine Dörfer, dann durch idyllische Flusslandschaften unverfehlbar Leipzig entgegen. Der Weg ist jetzt zunächst das Ziel.

Hinter **Modelwitz** wird der Elster-Radweg zur Mogelpackung, denn man rollt plötzlich an der Luppe entlang. Doch das stört nicht. Man muss eher darauf achten, bei **Lützschena** nicht links den weißen Pavillon am Wegesrand zu übersehen. Denn der lockt durchaus berechtigt zu einem Abstecher in den Ort. Über Kopfsteinpflaster und eine hölzerne Elsterbrücke geht es in den gepflegten Schlosspark, der 2022 sein 200-jähriges Jubiläum feierte. Neben herrlichem alten Baumbestand umfasst er mehrere kleine Tempel, Kapellen und Gewässer – darunter der Diana-Tempel, der in den gleichnamigen Teich ragt. Außerdem gab es aufgrund der Verwüstung durch einen Sturm umfangreiche Restaurationsarbeiten. So wurde unter anderem die Waldkapelle wiederhergestellt und der Russische Garten konnte erneut in die Parkstruktur integriert werden, samt neuer Skulptur beim Alexander-Denkmal!

Der nächste Zwischenstopp wartet dann bereits am **Avensee**. Wer mag, gönne sich hier in der pos-

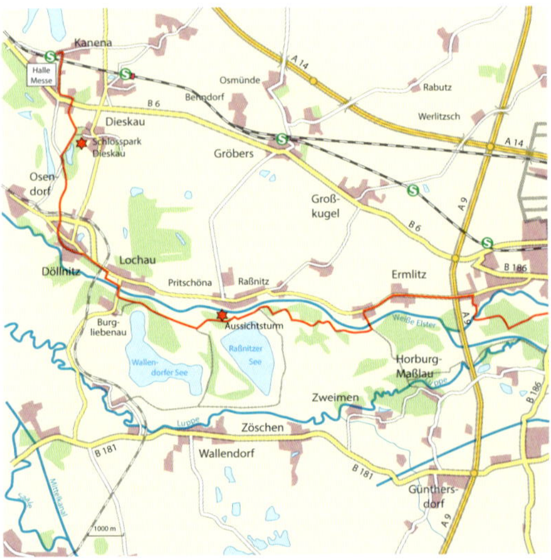

sierlichen Parkeisenbahn eine Runde um das 12 Hektar große Gewässer. Wenig bekannt ist heute noch, dass auch seine Geschichte eisenbahnhistorisch bedeutsam ist. Denn hier wurde Anfang des 20. Jahrhunderts der Kies für den Bau des Leipziger Hauptbahnhofs abgebaggert.

Kurz nach dem Auensee hat dann auch flusstechnisch alles wieder seine Richtigkeit. Nun vereinen sich sogar Luppe, Elster und Nahle zum gewaltigen Elsterflutbecken. Man passiert bald darauf das Zentralstadion und gönnt sich dann schon die nächste Pause: im **Palmengarten**, der gleich nach der Kanalbrücke über die Jahnallee beginnt. Große Spiel- und Liegewiesen und zahlreiche Bänke laden zum Verschnaufen ein. So kann es ganz nach Belieben irgendwann weiter am Elsterbecken durch den **Clara-Zetkin-Park** gehen. Mit der Käthe-Kollwitz-Straße muss noch einmal eine Hauptstraße überquert werden, danach rollt man aber sofort wieder in den Park. An der Anton-Bruckner-Allee hält man sich schließlich links und gelangt so über den Johanna-Park in die Innenstadt.

Auwaldstation Lützschena
Eintrittspforte in das Naturschutzgebiet Burgaue und den Schlosspark Lützschena. Auch Direktverbindung vom Hbf. mit Tram 11.

Schlossweg 11
04159 Leipzig
www.auwaldstation.de

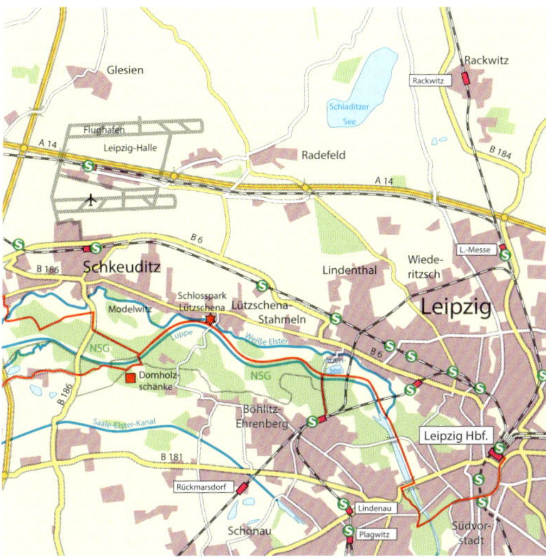

Radtour: 37 km

Start: S-Bhf Halle-Messe S3 alle 30 Min. ab Leipzig Hbf.

Ziel: Leipzig Hbf.

Über sieben Brücken

7

Halle

Wenn Halle die Saale nicht hätte – man müsste sie erfinden. Denn sie fließt mitten durch die Stadt und verzaubert mit wunderschönen Flussarmen, Brücken und Inseln. Hoch über ihrem Ufer steht auch die Ruine der Burg Giebichenstein aus dem 9. Jahrhundert.

Vom Hauptbahnhof fährt die Tramlinie 7 direkt zu **Reichardts Garten**, dem Startpunkt der Halle-Stadttour (Haltestelle Burg Giebichenstein und 200 Meter die Seebener Straße nordwärts – hier dann rechter Hand).

Er gilt unter historischem Aspekt als Halles bedeutendste Grünanlage. Denn wo sich heute gern Familien mit Kindern tummeln, traf sich im 18. Jahrhundert der Komponist Johann Friedrich Reichardt mit Geistesgrößen seiner Zeit. Selbst Goethe schaute gelegentlich vorbei.

Einen Katzensprung ist es zur nächsten Station, der **Burg Giebichenstein** auf einem Felsen über der Saale. Dort stand sie bereits im 12. Jahrhundert, allerdings noch intakt, und diente dort bis zu ihrer Zerstörung 400 Jahre später als Bischofssitz. Auch hier verkehrte einst viel Kunstelite. Joseph von Eichendorff nannte sie zu Beginn des 19. Jahrhunderts respektvoll das „verfallene Schloss" und ließ sich von ihr für seine poetischen Arbeiten inspirieren. Heute beherbergt Burg Giebichenstein den Campus Kunst der Hallenser Hochschule für Kunst und Design. Doch Torturm und Gewölbekeller sind auch wieder für jedermann zu besichtigen.

Anschließend wechselt man über eine enge kopfsteingepflasterte Gasse zum **Amtsgarten**. Die gut fünf Hektar große Anlage rechts neben der Burg – 1740 als Barockgarten angelegt – arbeitet sich langsam einen Hügel, den Römerberg, hinauf. Vor allem gefällt sie mit einem unerwartet zügigen Wechsel verschiedener Anmutungen. Grünflächen, große alte Bäume, Promenadenwege, breite Gehölzstreifen, unverfugte Natursteinmauern, ein Schwanenteich und umrankte Laubengänge gehen fast nahtlos ineinander über – und schaffen so zugleich reizvolle Kontraste. Vom Amtsgarten geht es etwas steil hinunter zum breiten **Saaleufer**. Mehrere Fahrgastschiffe liegen an den Stegen vertäut. Auf der gegenüberliegenden Seite grüßen der berühmte „Krug zum grünen Kranze" sowie die auf einem Hügel thronende Petruskirche im Stadtteil Kröllwitz.

Bergzoo Halle
Halles Tiergarten besticht schon durch seine Lage auf dem Reilsberg, einem 130 Meter hohen Hügel.

Fasanenstr. 5a
06114 Halle (Saale)
www.zoo-halle.de

Oberburg Giebichenstein
Freiluftmuseum und Aussichtsturm auf einem Felsen über der Saale, als Bischofssitz im 12. Jahrhundert errichtet und 400 Jahre später durch einen Brand zerstört, heute die schönste Ruine der Stadt.

Seebener Str. 1
06114 Halle (Saale)
www.stadtmuseumhalle.de

Reichardts Garten/ Amtsgarten
In beiden Parks werden separate Führungen angeboten. Informationen über Stadtmarketing Halle:

Tel. (03 45) 1 22 99 84

Stadteinwärts wandert man weiter. Nach etwa einer halben Stunde erreicht man den **Heinrich-Heine-Felsen**. Eine Treppe führt hinauf in den gleichnamigen Park, der ab 1870 anstelle eines mittelalterlichen Steinbruchs und späteren Weinberges angelegt wurde. Man kann ihn gemächlich durchstreifen und trifft an dessen Fuß dann auf die Ochsenbrücke. Sie führt erneut über die Saale. und bis zur **Ziegelwiese**, einer von Saale bzw. Mühlgraben umflossene Binneninsel. Mit der Fontäne im künstlichen Teich, ausgedehnten Rasenflächen mit verschiedenen Plastiken, einem Spiel- und einem Grillplatz sowie einer ausgedehnten Hundewiese gehört sie zu den meistbesuchten grünen Refugien Halles. 2013 eröffnete am Saaleufer auch ein kleiner Sandbadestrand.

Hält man sich nun – immer noch die Saale im Blick – halbrechts, stößt man an der für Autos gesperrten Peißnitzstraße auf die Brücke der Freundschaft. Hinter ihr beginnt die **Peißnitzinsel**, eine der belebtesten Grünzonen Halles. Jährlich zieht sie Hunderttausende zu Laternenfest und Bootskorso im letzten Augustwochenende an. Viele werden außerdem von den Konzerten auf der Freilichtbühne angelockt. Unmittelbar neben der Station des kleinen Peißnitzexpresses stand das Raumflugplaneta-

Saaleufer in Halle-Kröllwitz

rium „Siegmund Jähn", das 2013 dem Hochwasser zum Opfer fiel und 2018 abgerissen wurde. Mehrere Initiativen hatten zuvor versucht, den denkmalgeschützten Gebäudekomplex zu erhalten. Das neue Planetarium ist im historischen Gasometer am Holzplatz auf der Salineinsel entstanden. Der Spatenstich erfolgte im Januar 2019. Mit etwas Verzögerung konnte es schließlich im April dieses Jahres seine Pforten öffnen und ist damit das modernste Planetarium Deutschlands.

Weiter geht es in Richtung der Südspitze der Insel. Über die schnurgerade Birkenallee gelangt man, vorbei an der Freilichtbühne, zum früheren Gut Gimritz. Das bettet sich in einen Park, der Botaniker die Zunge schnalzen lässt. Zur erlesenen Flora gehören eine Gurkenmagnolie, ein stachelloser Lederhülsenbaum, ein Ginkgo und ein Tulpenbaum. Über die Schafbrücke geht es entlang der Elisabethsaale durch den Sandanger. An der Mansfelder Straße, hält man sich links und quert mit der Elisabethbrücke ein letztes Mal die Saale.

Wer noch etwas Puste hat, laufe indes weiter. Denn wenig später beginnen die innerstädtischen Highlights der Saalemetropole. So das **Halloren- und Salinemuseum**. Im Grunde liegen in diesem industriegeschichtlich herausragenden Ensemble die Wurzeln der Stadt. Anno 806 fand „Halla" als Ort an den Salzquellen erstmals Erwähnung. Die Mansfelder Straße weiter geradeaus und dann in der Domstraße erreicht man den **Dom**, eine turmlose einstige Kirche des 1271 gegründeten Dominikanerklosters. Er zählt zu den frühesten Hallenkirchen Mitteldeutschlands. Experten preisen vor allem die bemerkenswerte Akustik in der lang gestreckten Pfeilerhalle.

Vom Dom gelangt man in nördlicher Richtung über die Mühlgasse und den Schlossberg zur **Moritzburg**. Die spätgotische Vierflügelanlage beherbergt die sehenswerte Staatliche Galerie Moritzburg. Erst 2008 wurde die Burg auf spektakuläre Weise erweitert, indem das alte Gemäuer mit einem modernen Überbau sehr zurückgenommen-authentisch rekonstruiert wurde.

Der **Markt**, den man von der Moritzburg aus über den Moritzburgring und die Große Ullrichstraße erreicht, wird weithin sichtbar von der großen, viertürmigen **Marienkirche** überragt. Schon

Die Franckeschen Stiftungen wurden 1695 als Armenschule gegründet und beherbergen heute verschiedene kulturelle Einrichtungen.

Halloren- und Salinemuseum
Darstellung der Salzgewinnung, Schausieden, Präsentation des Silberschatzes der Halloren (wertvolle Becher und Pokale).

Mansfelder Str. 52
06108 Halle (Saale)
www.salinemuseum.de

Oben: Abendstimmung in Halle
Unten: Kunst- und Naturalienkammer der Franckeschen Stiftungen

Martin Luther predigte hier. Nicht zuletzt die in der Sakristei aufbewahrte Totenmaske Luthers und der Abdruck seiner Hände erinnern daran. Die spätgotischen Westtürme sowie die Hausmannstürme der Kirche prägen maßgeblich das Gesicht des Platzes, wenn nicht sogar das der gesamten Stadt. Gemeinsam mit dem **Roten Turm**, der nur wenige Meter entfernt emporragt, verliehen sie Halle den Beinamen *Stadt der fünf Türme.*

Vom Markt her entwickelte sich einst auch Halle. Sage und schreibe 14 Straßen enden hier. Renaissancebauten und Fachwerkhäuser erinnern an frühere Jahrhunderte. Ins Auge fallen auch der vier Meter hohe **Roland** von 1854 am Roten Turm und natürlich das einzige deutsche **Denkmal** für den größten Sohn der Stadt, den Komponisten Georg Friedrich Händel (1685–1759). Auch die schmucke Oper am Universitätsring fühlt sich ihm im Besonderen verpflichtet.

Spaziergang: 5 km

Start: Haltestelle Burg Giebichenstein
Tram 7 alle 15–20 Min. ab Halle Hbf.

Ziel: Haltestelle Franckeplatz
Tram 4 (außer Wochenende), 7, 9 abwechselnd alle 5–10 Min. nach Halle Hbf.

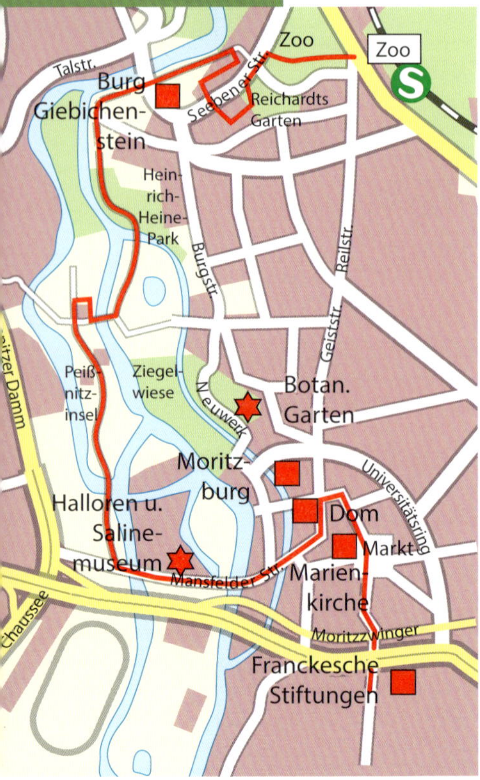

Eine Stadt in der Stadt bilden die **Franckeschen Stiftungen** neben der Hochstraße im Süden des Zentrums. Vom Marktplatz leitet die Schmeerstraße dorthin und führt unterwegs am Alten Markt mit dem Eselsbrunnen vorbei. Dieser ist der Sage vom „Esel, der auf Rosen geht", gewidmet. Die Stiftungen gehen auf den Professor und Pfarrer August Hermann Francke zurück, der 1695 aus Spendengeldern eine Armenschule gründete. Aus ihr entwickelte sich eine Schulstadt mit Erziehungsanstalten und Wirtschaftsgärten sowie Apotheke, Buchdruckerei und eigener Landwirtschaft. Das historische Fachwerkensemble, darunter das mit über 100 Metern Länge größte Fachwerkhaus Europas, ist ein Freilichtmuseum besonderer Art und mittlerweile weitgehend restauriert.

Heidesee in Halle

Eine Stadt im Grünen

8

Halle und Heide

Seltene Pflanzen, uralte Steine, eine possierliche Eisenbahn auf einer grünen Insel, ein stählerner Aussichtsturm und ein See, der mal eine Kohlegrube war, bilden die Eckpunkte dieser kurzweiligen Wanderung durch die Saalemetropole.

Halle ist eine der grünsten Großstädte Deutschlands. Parks, Gärten, Wälder und Heiden sowie Fluss- und Auenlandschaften prägen etwa 53 Prozent der Stadtfläche. Und selbst innerstädtisch erhielt sich die Saalemetropole grüne Inseln wie den **Botanischen Garten**. Er ist heute das erste Ziel auf einer grünen Halle-Tour. Deshalb steigt man am Hauptbahnhof in die Straßenbahnlinie 7 und lässt sich zunächst bis zum Moritzburgring bringen. Dort geht man in Fahrtrichtung gesehen rechts in den Moritzburgring hinein und biegt wenig später erneut rechts in die Große Wallstraße ein. Nun liegt der mehr als 300 Jahre alte Botanische Garten schon fast vor einem.

Als ihn die Universität anno 1698 zunächst als Lehr- und Forschungssammlung anlegte, war er der erste seiner Art im damaligen Preußen. Heute vereinen sich auf der Fläche von über zehn Fußballfeldern 12 000 verschiedene Pflanzen. Darunter befinden sich verschiedene pflanzen-geografische Sektoren wie das Alpinum, eurasische und amerikanische Steppenanlagen, Hochstaudenfluren und eine Waldanlage. Zusammen mit den Schaugewächshäusern kann man so in kurzer Zeit eine Weltreise durch verschiedene Regionen der Erde unternehmen.

Nach diesem kunterbunten Auftakt wandert man weiter durch die Große Wallstraße, biegt links in die Straße Am Kirchtor ab und erreicht so die Straße Neuwerk. Man geht bis zum Fußgängerüberweg und wendet sich dann nach links in die Peißnitzstraße. So stößt man auf die nächste grüne Lunge, die **Ziegelwiese**. Schlendert man durch das weitläufige Grün links am Teich vorbei, so gelangt man über die Brücke der Freundschaft. Sie führt auf die **Peißnitzinsel** (► Seite 36). Dort hält man sich zunächst rechts, geht bis zum Planetarium, schwenkt dann wieder links und später erneut rechts. So verlässt man die Peißnitzinsel auf dieser Tour relativ zügig wieder über die Schwanenbrücke.

Von der Schwanenbrücke führt der Weg bis zur Heideallee. Hier geht man nach rechts bis zur nächsten Kreuzung, überquert die breite Allee, biegt links in die Walter-Hülse-Straße und später rechts in die Theodor-Lieser-Straße ein. Diese führt an der zweiten Kreuzung rechts zum Von-Seckendorff-Platz und weiter in das Karree des Fachbereichs Geowis-

Botanischer Garten

Am Kirchtor 3
06108 Halle (Saale)
www.botanik.uni-halle.de

Geologischer Garten
40 erdgeschichtlich interessante Findlinge um einen kleinen Teich.
Von-Seckendorff-Platz 3
(Innenhof des Instituts für Geowissenschaften der Universität)
Führungen auf Anfrage.

Heidegaststätte Waldkater
Ältester Heidegasthof Halles, direkt am Eingang zur Dölauer Heide. Biergarten. Gutbürgerliche Küche mit Schwerpunkten Fisch und Wild, umfangreiches Kaffeeangebot.

Waldkater 1
06120 Halle (Saale)
www.waldkater.eu

Freibad am Heidesee

Am Heidebad 10
06126 Halle (Saale)
www.dein-freibad.de

Kassenschluss ist eine Stunde vor Schließung

senschaften der Martin-Luther-Universität Halle/Wittenberg. Unter der Woche wimmeln Studenten zwischen den 40 Findlingen aus allen Ecken Deutschlands, die sich als **Geologischer Garten** locker um einen kleinen Teich gruppieren. Manch einer der Magmatite, Sedimentgesteine und Metamorphite wiegt seine 30 Tonnen. Wer konzentriert von einem Felsbrocken zum nächsten wandert, macht zugleich Riesensätze. Denn diese sind so platziert, dass der Weg zwischen ihnen quasi als Zeitstrahl die Länge der einzelnen erdgeschichtlichen Epochen vom Präkambrium bis zum Quartär symbolisiert.

Nun ist es nicht mehr weit bis zur **Dölauer Heide**, Halles größtem Grüngürtel. Dazu geht man zurück auf die Theodor-Lieser-Straße, läuft vor bis zum Von-Danckelmann-Platz und dann rechts erneut in die Heideallee. Hier hält man sich links, erreicht nach wenigen Minuten die Straße Heidehäuser, in die man nur kurz links einbiegt, um nach einigen Schritten gen rechts den Hubertusplatz zu erreichen. Dieser führt nun geradewegs in den 740 Hektar großen Mischwald. Gut ausgebaute und beschilderte Wege ziehen sich durch das gesamte Landschaftsschutzgebiet.

Nächstes Ziel ist der **Kolkturm** auf dem gleichnamigen Berg, mit 133 Metern die höchste Erhebung

Saaleufer an der Peißnitzinsel

der Heide. Die Aussichtskanzel eröffnet einen erhabenen Blick über die halbe Stadt. Zugleich wird nun sichtbar, dass die Dölauer Heide von einem Plateaurücken durchzogen wird, der sich rund 20 Meter über die Umgebung erhebt. Als der Turm 1976 errichtet wurde, mussten übrigens drei prähistorische Steingräber umgesiedelt werden. Sie befinden sich jetzt ein paar Meter weiter südwärts.

Auf dem asphaltierten Kolkturmweg hält man sich auch weiterhin. Es geht zwei, drei Kilometer durch den Wald, bis der sich kurz lichtet und die Heidestraße kreuzt. Wer nun doch etwas ins Schwitzen gekommen ist, darf sich freuen. Denn der **Heidesee** naht. Nach weiteren zwei Kilometern steht man plötzlich am Eingang des Strandbades. Boote und Wassertreter schaukeln an einem Steg, Sonnenanbeter aalen sich in Strandkörben, Kinder buddeln im Sand oder toben im erfrischenden Nass. Welch neues Glück hier vor gut einem halben Jahrhundert durch die Flutung der einstigen Braunkohlegrube „Neuglück“ entstanden ist! Für die letzte Etappe umrundet man schließlich noch auf einem Uferweg den etwa einen Kilometer langen See. Man stößt dabei auf den Schultze-Galléra-Weg. Dem folgt man bis zur Heidestraße, biegt rechts ab und gelangt so zum S-Bahnhof Halle-Nietleben.

Spaziergang: 10 km

Start: Haltestelle Moritzburgring
Tram 7 ca. alle 15 Min. ab Halle Hbf.

Ziel: S-Bhf Halle-Nietleben S7 alle 30 Min. nach Halle Hbf.

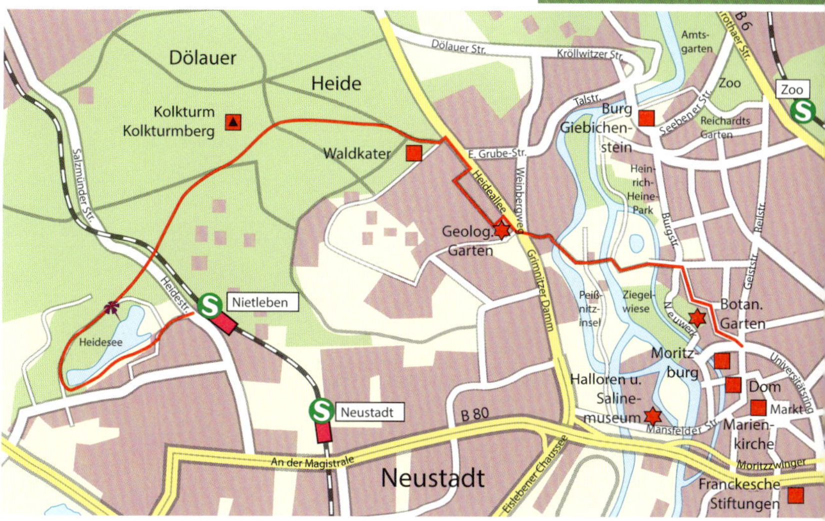

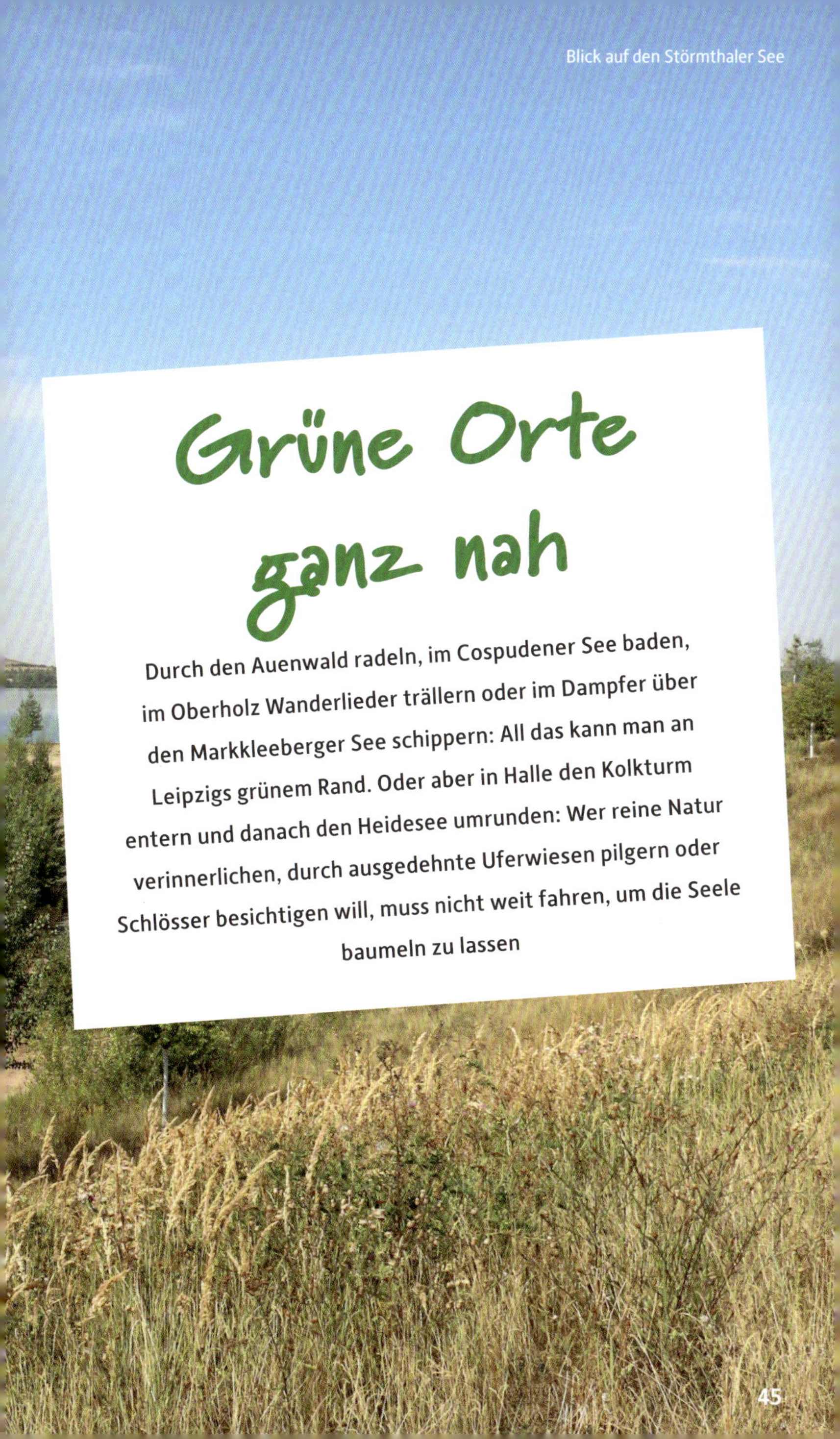

Blick auf den Störmthaler See

Grüne Orte ganz nah

Durch den Auenwald radeln, im Cospudener See baden, im Oberholz Wanderlieder trällern oder im Dampfer über den Markkleeberger See schippern: All das kann man an Leipzigs grünem Rand. Oder aber in Halle den Kolkturm entern und danach den Heidesee umrunden: Wer reine Natur verinnerlichen, durch ausgedehnte Uferwiesen pilgern oder Schlösser besichtigen will, muss nicht weit fahren, um die Seele baumeln zu lassen

Ein Hauch von Versailles

9

Markkleeberg

In Markkleeberg liegen Natur und Hochkultur, zauberhafte Architektur und blutige Geschichte dicht beieinander. Zum Schluss dieser kurzen, aber intensiven Tour wartet noch ein Törn mit einem Boot, das über eine Schleuse bis zum benachbarten Störmthaler See schippert.

Der **Wildpark** ist praktisch Leipzigs zweiter Zoo. Anders als die exotische Menagerie am Rosental widmet er sich jedoch der heimischen Fauna. Und zwar auch jener, die im Laufe der Jahrhunderte weitgehend vertrieben, gar ausgerottet wurde. So kann man beim Bummeln zwischen den großzügig bemessenen Gehegen unter den 30 Tierarten auch Wisente beim Wiederkäuen beobachten, Elche durch den Tann stolzieren oder Luchse ihre Pfoten lecken sehen. Und das alles kostenlos!

Der gut hundert Fußballfelder große Wildpark bettet sich derart natürlich in den südlichen Auenwald, dass man zuweilen nicht mehr die Gitter wahrnimmt. Angelegt wurde er peu à peu ab dem Jahre 1904: Damals bekam die Stadt Leipzig vom Mühlenbesitzer Jacob aus Connewitz vier Stück Damwild geschenkt, für die man nun im Revierort „Stempel" ein Gatter baute. Dutzende weitere Gehege, Käfige und Volieren kamen hinzu, ebenso zwei kleine Gewässer: der Hakenteich an der heutigen Wildpark-Gaststätte und der Froschteich nahe des Südeingangs des Wildparks.

Hat man sich an den Tieren sattgesehen – oder diese dank der Futterautomaten im Terrain satt gefüttert –, hält man südwärts auf besagten Froschteich zu. Bevor es weitergeht, kann man hier in einem märchenhaft anmutenden blockhölzernen

Wildpark Leipzig-Connewitz
42 ha großes Tiergelände mitten im Auenwald, 30 Tierarten mit ca. 250 Tieren, mehrere Gaststätten. Eintritt kostenlos.

Koburger Str. 125
04277 Leipzig
www.wildparkverein-leipzig.de

Personenschifffahrt Markkleeberger See & Störmthaler See

Seeblick 10
04416 Markkleeberg
www.personenschiff-fahrt-leipzig.de

Teehaus noch etwas Wärmendes oder Kühlendes zu sich nehmen. Bei kaltem Wetter lockt das Kaminzimmer mit 25 Plätzen, in wärmeren Monaten eher die angrenzende Aussichtsterrasse. Dann geht es auf einem ausgeschilderten Wanderweg (blauer Balken auf weißem Quadrat) durch das **Connewitzer Holz** in Richtung Markkleeberg. Hält man sich auf dieser Route an der „Gautzscher Spitze" nach links, stößt man auf die Koburger Straße. Hier noch ein paar Meter nach rechts und man erreicht das prachtvolle **Forsthaus Raschwitz**. Eine Einkehr lohnt immer, und sei es auf ein Radler im Biergarten.

Über die Breitscheidstraße und (nach der Eisenbahnbrücke) die Dölitzer Straße dringt man langsam in die grünen Tiefen Markkleebergs vor. Einen Stopp wert ist hier das **Westphalsche Haus**. Das versteckt sich etwas hinter einer stolzen Mauer und wilden Weinranken, was seinen Mythos indes nur verstärkt. Denn in dem dreiflügeligen Landhaus verkehrte einst (Rand-)Leipzigs besseres Bildungsbürgertum. Man lauschte Lesungen oder Kammerkonzerten großer Komponisten wie Frédéric Chopin und Johannes Brahms, die einst auch in Leipzig ihre Spuren hinterließen. Leider ist das Haus seit 2016 nicht mehr öffentlich zugänglich, sondern dient nun als privat geführte medizinische Reha-Einrichtung.

Connewitzer Schleuse an der Pleiße

Derweil pilgert man noch immer über den besagten blau-weiß markierten Wanderweg. Kurz vor der Brücke in der Dölitzer Straße zweigt er nach rechts ab und geleitet entlang der Pleiße nach Süden. Folgt man ihm, empfangen einen schon wenig später die Ausläufer des **agra-Parks**. Die großzügige Anlage ist nach der traditionsreichen Landwirtschaftsausstellung benannt, die erstmals 1952 hier stattfand. Noch immer lockt sie Fachbesucher aus nah und fern, wenn auch nicht mehr annähernd so viele wie vor der Wende.

Die Anfänge des Parks reichen in das späte 19. Jahrhundert zurück. Damals ließ der Zeitungsverleger Paul Herfurth die früheren Wiesen im englischen Parkstil aufpeppen. Den höchsten Punkt nimmt das neoklassizistische **Weiße Haus** ein, 1896/97 als prachtvoller Wohntempel erbaut. Sein Architekt Gustav Hempel empfand es dem Lustschloss Petit Trianon im Schlosspark von Versailles nach, so im Inneren mit einem imposanten vergoldeten Spiegelsaal. Auch die ganze Anlage rund um das Palais folgt klassizistischen Vorbildern. Den Teich etwa ziert ein halbrunder ionischer (griechischer) Tempel mit vier Frontsäulen. Er wurde um 1900 auf einer Insel im Großen Parkteich errichtet, um dem Areal die Anmutung einer klassischen antiken Landschaft zu verleihen. Die acht Säulen tragen ein hoch aufgewölbtes Dach. Der Standort ist bewusst so gewählt, dass der über eine kleine Brücke erreichbare Monopteros nicht nur optischer Anziehungspunkt der Parkanlage ist, sondern dank der angelegten Blickachsen auch Aussichtspunkt.

Drei Brücken führen von diesem Parkteil über die Pleiße und kurz darauf (unter der Hochpiste der B 2 hinweg) auf die Dölitzer Seite des ausgedehnten Anlagensystems. Indes folgt man weiter dem markierten Weg, der unterhalb des Teiches nach Osten führt und dann eine Weile parallel zur B 2 südwärts verläuft. Vor der Reitanlage hält man sich dann links und kommt so zur possierlichen **Auenkirche**. Sie wurde 1372 erstmals schriftlich erwähnt und ist damit das älteste Bauwerk von Markkleeberg. Weiter geht es zum **Torhaus Markkleeberg**. Das bildet eines der östlichen Eingangstore in den Park und gehört zum Ensemble des ehemaligen Rittergutes Markkleeberg. Während der Völkerschlacht bei Leipzig

Auenkirche Markkleeberg

Weißes Haus
Neoklassizistisches Palais nach Versailler Vorbild. Wechselnde Ausstellungen, eigenes Standesamt, vergoldeter Spiegelsaal.

Im agra-Park
(Eingang Raschwitzer Str.)
04416 Markkleeberg

Torhaus Markkleeberg
Teil des früheren Rittergutes Markkleeberg. Museum, großes Diorama zur Schlacht bei Wachau, Heimatstube mit angrenzender Rußküche. Maibaumaufstellen, Musik- und Kulturwochen, Torhausfest (Juni), Bier- und Erntedankfest, Weinfest.

Kirchstr. 40
www.torhaus-markkleeberg.de

Melpomene-Skulptur im agra-Park

1813 lag es im Zentrum der erbitterten Kämpfe um den nahen Pleißeübergang. So beherbergt es heute ein Museum, das sich vor allem diesem Geschehen widmet. Höhepunkt der Ausstellung ist ein 20 Quadratmeter großes Diorama zur Schlacht bei Wachau am 16. Oktober 1813.

Man läuft weiter südwärts und erreicht über die Straße Am Torhaus und die Kirchstraße die Möncheireistraße. Hier biegt man kurz rechts ein und (sofern einen noch nicht Durst und Hunger plagen) dann gleich wieder links in den Weg An der Koppel. Andernfalls sei ein Stück geradeaus die Einkehr im beliebten Radler- und Wanderertreff „Möncherei“ angeraten. An der Koppel grasen tatsächlich große weiße Kühe. Jenseits der Seenallee, die man anschließend queren muss, stößt man dann auf die Straße An der Stadtmühle. Hier hat man praktisch den Uferweg am Markkleeberger See erreicht. An dem hält man sich links. Kurz nach dem Strandbad beginnt bereits die neue Seepromenade. Am Strandcafé kann die Tour nun noch etwas maritim ausklingen. Denn hier verkehren mittlerweile regelmäßig Fahrgastschiffe vom Anlegesteg unterhalb des Lokals hinüber zum Kanupark sowie auch noch weiter durch die neue Schleuse zum **Störmthaler See** und zurück.

Rad- oder Wandertour: 8 km

Start: Haltestelle Wildpark Tram 10 oder 11 alle 10–15 Min. ab Leipzig Hbf. bis Connewitz, Kreuz, weiter mit Bus 70 bis Wildpark

Ziel: Haltestelle Markkleeberg-Ost, Schillerplatz Tram 11 alle 15–20 Min. nach Leipzig Hbf.

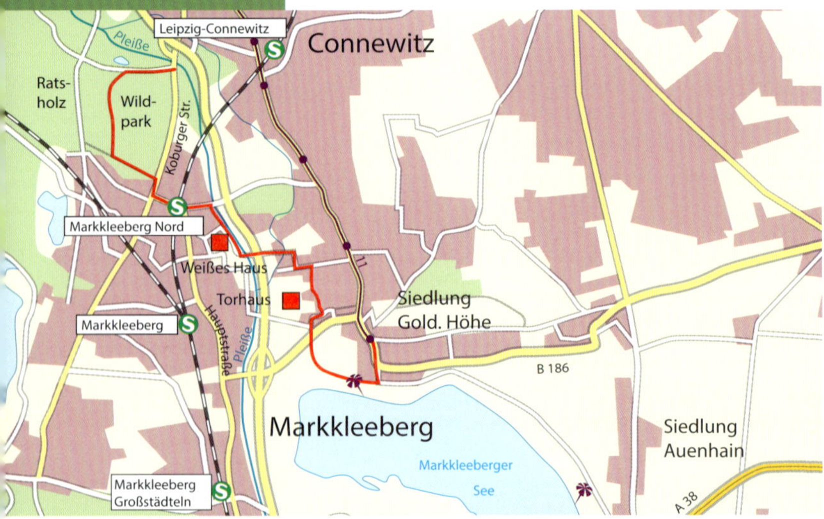

Phönix in Vineta

10

Markkleeberger See

Es war einmal ein Tagebau, der nannte sich Espenhain. Europas größte Abraumförderbrücke ratterte hier. 56 Jahre wurde für die Kohle das Erdreich umgepflügt. Das dazugehörige Braunkohlekraftwerk verpestete die Luft. Espenhain stand für Umweltfrevel schlechthin. Bis 1993. Nur sechs Jahre später schien alles vergessen.

Seit ab Sommer 1999 Flutungswasser in die Grube lief, ruhten plötzlich viele Hoffnungen auf ihr. Das geschundene Land erhob sich wie Phönix aus der Asche. Nur der Name des neuen Gewässers solle nun besser **Markkleeberger See** lauten, entschieden die Landschaftsplaner. Das klang nicht nur unbelasteter – es ergab auch Sinn. Zum einen liegt die Parkstadt südlich Leipzigs tatsächlich näher an den neuen Stränden. Zum anderen gehörte zum Riesentagebau Espenhain einst auch jenes zweite Restloch, das sich nun **Störmthaler See** nennt.

Zusammen bringen es beide Gewässer, seit die Flutung im Störmthaler See 2012 abgeschlossen wurde, auf annähernd 1 000 Hektar Wasseroberfläche. Der Markkleeberger See hatte bereits 2006 seinen avisierten Pegel von 113 Metern über dem Meeresspiegel erreicht. Ein erkleckliches Stück Wasser, das es heute zu umwandern gilt. Dazu bringen einen die Wagen der Tram 11 zunächst nach Markkleeberg-Ost, die eigenen Füße dann in wenigen Minuten über die Bornaische Straße geradewegs zur Seepromenade. Hier hält man sich links, genießt am Strandcafé einen ersten Blick auf See und Bootsanleger und läuft weiter am Wasser entlang.

Radler können den Oberen Uferweg benutzen. Hierher geleitet sie der gut ausgeschilderte Neuseenland-Radweg (blaues Symbol mit grünem Punkt)

Touristinformation Leipzig und Region
Die Touristinformation Leipziger Neuseenland ist das zentrale Welcome-Center für das Neuseenland.

Rathausstr. 22
04416 Markkleeberg
www.leipzig.travel

Strand und Radweg am Markkleeberger See

vom S-Bahnhof Markkleeberg in Windeseile. Beide Wege treffen sich anschließend – der obere über den schnell wachsenden **Seepark Avenhain**, der untere über das **Strandbad Avenhain** – am ersten Highlight der Tour: Es ist der **Kanupark** mit seiner spektakulären Wildwasserstrecke. Hätte Leipzig den Zuschlag für Olympia 2012 erhalten, wären hier die weltbesten Slalomkanuten gestartet. Auch die Surfer haben übrigens gleich nebenan ihren speziellen Strand.

Gemächlicher geht es dagegen eine Etage höher im originellen **Modellbaupark Avenhain** zu. Dahinter verbirgt sich eine überraschend vielfältige Miniaturwelt im Maßstab 1:8, auch als Großgartenbahn bekannt. Allein der Lokschuppen mit der Drehscheibe davor ist eine Augenweide. Wer mag, darf auch selbst einmal Platz nehmen und sich wie Gulliver im Zwergenland eine Runde durch die kleine Wunderwelt tuckern lassen. Dafür stehen Elektro- wie auch Dampfloks bereit. Letztere werden natürlich wie im Original mit Kohle befeuert.

Wem das zu mickrig ist, der wähle den aktiven Part des Modellbauparks. Denn hier kann man sich wie dereinst die Olsenbande in einem ihrer Streifen einmal ganz aus eigener Kraft auf einer Draisine abstrampeln. Oder man entert mutig die brandneue Panorama-Kletteranlage gleich hinterm Kanupark, wo man sich in drei – nach Schwierigkeiten unter-

Kanupark Markkleeberg
Rafting-Saison von Anfang Mai bis Mitte Oktober.

Wildwasserkehre 1
www.kanupark-markkleeberg.com

LAGOVIDA
Ferienresort auf der Magdeborner Halbinsel im Störmthaler See. Hotel mit Restaurant, Sportboothafen und 37 originellen Hafen- und Dünenhäusern (Ferienhäuser).

Hafenstr. 1
04463 Großpösna
www.lagovida.de

teilten – Zonen von 2 bis 12 Meter Höhe hinaufarbeiten kann.

Zum Störmthaler See ist es von Auenhain – weiter auf dem Uferweg – nur ein Katzensprung. Auf der Brücke über die Autobahn ist er schon zum Greifen nah. Dass sein Wasserspiegel 4 Meter höher als der des Markkleeberger Sees liegt, lässt sich mit bloßem Auge kaum ausmachen. Für die Paddler und Ruderer, für die 2013 ein 800 Meter langer Kanal zwischen beiden Gewässern eröffnete, ist dies aber schon von Belang. Damit entstand auch eine Schleuse, die die Boote vom Markkleeberger See vor der Passage hebt bzw. senkt. Dank einer Durchfahrtshöhe von knapp 10 Metern dürfen hier auch mittelgroße Segelboote übersetzen.

Einen kleinen Schlenker weg vom See lohnt das restaurierte **Schloss Güldengossa**, das man wenig später erreicht. Gebettet in einen Park im englischen Stil, lädt das frühere Herrenhaus eines Ritterguts zu Veranstaltungen und Familienfeiern ein. Bereits 1285 nennen Chroniken Schloss Güldengossa, um 1720 erhielt es sein heutiges spätbarockes Antlitz. Nun dient es nach einigem Dämmerschlaf als prachtvolle Szenerie für Kulturveranstaltungen, Feiern und Tagungen.

Über die Schulstraße rechts des Schlösschens sowie an deren Ende rechts durch die Störmthaler Straße gelangt man wieder zum Uferweg. Die Neuseenland-Radroute zweigt wenig später links nach **Störmthal** ab, der Fußweg bleibt in Wassernähe. Beide treffen sich aber wieder unweit des Gasthofes am Aussichtspunkt des Dorfes. Und zu sehen gibt es hier tatsächlich etwas – **Vineta** nämlich. So nennt sich eine irgendwie unwirkliche Kunstinstallation mitten im See – nämlich eine schwimmende Kirche mit einer stilisierten durchsichtigen Dachkuppel. 2010 war sie im Wasser vertäut worden, um so aller einst durch den Tagebau verschluckten Dörfer zu gedenken. Musikfreunde sollten auch die richtige Dorfkirche von Störmthal besuchen. Denn hier gibt es zuweilen auch etwas zu hören: eine Hildebrandtorgel. Sie gehört zu den wertvollsten ihrer Art in Sachsen.

Bald darauf führt der Uferweg indes vom Ufer weg. So hat man knapp einen halben Kilometer später an einer Kreuzung die Wahl: links auf dem Lan-

Strandhaus am Markkleeberger See
Direkt am See, sehr sauber und gepflegt, freundliche Bedienung und leckeres Essen mit Schwerpunkt Fisch.

Seepromenade 8
04416 Markkleeberg
www.dein-strandhaus.de

Kirche Vineta
Die schwimmende Kunstinstallation symbolisiert die verlorene Kirche zu Magdeborn. Sie ist genau dort verankert, wo sich einst die überbaggerte Gemeinde befand. Mit einer Traufhöhe von 15 m gilt sie als höchstes schwimmendes Bauwerk auf einem deutschen See.

Oben: Rafting am Markkleeberger See
Unten: Störmthaler See

Amphibientouren
Mit einem alten Armeefahrzeug kann man zu Lande und zu Wasser durch die Seenlandschaft touren.

www.vineta-stoermthal.de

gen Weg Richtung Oberholz schwenken oder noch ein Stück weiter nach rechts wandern, wo an der Grunaer Bucht der See wieder auf Sichtweite heranrückt. Das Dörfchen Dreiskau-Muckern, das man hier als nächstes erreicht, dankt dies denn auch mit einer sehenswerten Kirche sowie einem hübschen Rittergut samt kleinem Park.

Von der Kirche führt dann ein Weg nach **Kleinpötzschau**, von wo man, wenn man sich links orientiert, nach gut 3 Kilometern durch die Felder auch das **Oberholz** erreicht. Hier stößt man auf den Feldscheunenweg. Ebenso wie der Breite Weg, den man nimmt, wenn man nicht den Umweg über Dreiskau-Muckern wählt, erreicht er in nordöstlicher Richtung schließlich den breiten Butterweg – quasi die Hauptachse dieses Waldes. Sie führt schnurgerade nach links auf **Großpösna** zu, wo die Vorortbahn vom Bahnhof Oberholz zurück nach Leipzig fährt. Damit dies nicht zu schnell geschieht, versuchen unterwegs die großen Tafeln eines Naturlehrpfades sowie die kleineren Schilder eines „Pfades der Lieder“ das Interesse der Passanten zu wecken (► Tour 7).

Rad- oder Wandertour:
13 bzw. 20 km

Start: Haltestelle Markkleeberg-Ost, Schillerplatz
Tram 11 alle 15–20 Min. ab Leipzig Hbf.

Ziel: Station Oberholz
RB 113 mind. alle 2 Std.nach Leipzig Hbf.

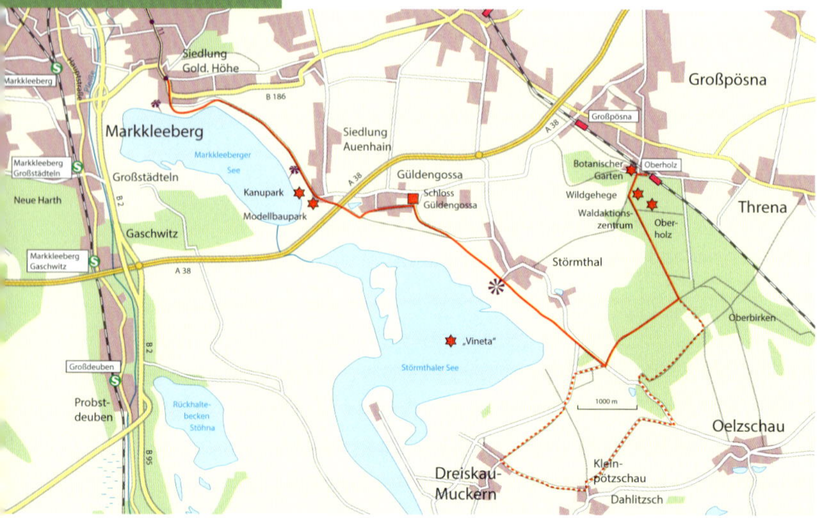

Vogelgezwitscher und Wanderlieder

11

Oberholz

Das Oberholz ist ein Ausflugsklassiker aus Zeiten, als die meisten Ostdeutschen kein Auto besaßen. Stadtnah, mit Bus und Bahn gut erreichbar und doch schon weit genug weg, dass man sich ein wenig wie im Urlaub fühlt. Zeit, sich zu entspannen, durch den Botanischen Garten zu schlendern oder dem Pfad der Lieder zu folgen.

Die meisten Wege im Oberholz scheinen am Reißbrett entworfen. So ergeben sie ein klar strukturiertes System, das zum beliebigen Kreuzen und Abzweigen, Einsteigen und Zurückkehren einlädt. Stundenlang kann man durch recht dichten Wald und auf zumeist sehr gut ausgebauten Wegen wandern, radeln oder seinen Hund ausführen. Zu jeder Jahreszeit bietet sich das Oberholz als ein beliebtes Ausflugsziel an.

Durch die Anbindung an die Bahnhöfe in Belgershain und Großpösna müssen Start- und Zielpunkt auch nicht identisch sein. Dass die Tour dennoch am Haltepunkt Oberholz beginnt und endet, liegt an dem **Naturlehrpfad**, der einem heute bevorsteht. Denn den gibt es nur hier im fast 2 000 Fußballfelder großen Oberholz. Auf Schautafeln links und rechts des Weges erfährt man so viel Wissenswertes über die heimische Flora und Fauna, die Jagd und das Jagdhundewesen. Denn das Oberholz bildet nicht nur einen Rest ursprünglicher Natur zwischen Feldern, ehemaligen Tagebauflächen und Besiedlungsräumen – weil die meisten Besucher auch nie die Wege verlassen, finden hier auch kleinere Tiere und geschützte Pflanzen recht sichere Rückzugsnischen.

Wer sich auch geschichtlich interessiert, dem sei zudem die **Wallanlage Altes Schloss** am Schlossbergweg empfohlen. Der liegt gleich neben dem Haltepunkt Oberholz, wo die Rundtour mit Querverbindung beginnt. Der kleine Bahnhof steht übrigens unter der Obhut des Vereins der Freunde der Eisenbahn Großpösna, der mehrmals im Jahr Ausstellungen organisiert. Auf der Rudolf-Breitscheid-Straße geht es dann ostwärts vorbei an der Gaststätte „Büffeltränke“ und nach dem Spielplatz rechts auf den Langen Weg. Bald hinter den Bahngleisen stößt man auf einen Gedenkstein. Er erinnert daran, dass Sachsenherzog Moritz diesen Wald anno 1544 der Universität zu Leipzig übereignete.

Schautafeln weisen hier den Weg. Schließlich biegt man rechts auf den Saulöcherweg ein. Auf diesem wandert man bis zur Schutzhütte. Wer mag, packe bereits seine Pausen(butter)brote aus. Denn von hier geht es rechts auf den **Butterweg**. An der übernächsten Wegkreuzung biegt der Sandgrubenweg ein. Er bildet eine Querverbindung des Natur-

Gaststätte Büffeltränke und Oberholzer Stübchen
Beliebtes Ausflugslokal mit bodenständiger regionaler Küche, schöner Abenteuerspielplatz.

Rudolf-Breitscheid-Str. 37
04463 Großpösna

Botanischer Garten für Arznei- und Gewürzpflanzen im Oberholz

lehrpfades. Über diesen erreicht man nach wenigen Metern das **Waldaktionszentrum**. Wer noch nicht gevespert hat, kann es jetzt tun.

Weiter geht es erneut über den Butterweg. Nun muss man ein langes Stück wieder geradeaus. Die Tafeln, die hier den Weg eskortieren, widmen sich speziell der gefiederten Fauna. Vom Butterweg zweigt halb rechts der Störmthaler Weg ab. Dem folgt man, bis er den Mühlweg kreuzt. Auf dem geht man nach rechts, passiert zur Rechten ein Hirschgehege und erreicht wieder die Siedlung. Bleibt man bis zum Ende auf dem Störmthaler Weg, erreicht man kurz vor den Bahngleisen den **Botanischen Garten** für Arznei- und Gewürzpflanzen. Er vereinigt Tausende Heilkräuter aus aller Welt und lohnt immer einen Besuch. Ende Oktober taucht er allerdings in den Winterschlaf ab.

Wer aufmerksam ist, trifft unterwegs noch weitere Schilder an eigens aufgestellten Pfählen. Sie markieren ein sympathisches Unikum: einen **Pfad der Lieder**. Er will die Ausflügler an altes und teilweise fast schon vergessenes (Wander-)Liedgut erinnern und auch zum Selbstsingen animieren. Der Männerchor Großpösna hat hierzu auf Brettern Noten und Texte angenagelt und erzählt ein wenig von der Entstehung der Lieder sowie deren Schöpfern.

Botanischer Garten für Arznei- und Gewürzpflanzen

Störmthaler Weg 2
04463 Großpösna
www.botanischer-garten-oberholz.de

Wanderung:
Strecke führt über den Naturlehrpfad im Oberholz
7,5 km

Start und Ziel:
Station Oberholz
RB 113 mind. alle 2 Std. ab/nach Leipzig Hbf.

Agavaceae
Yucca
filamentosa
Palmlilie

Tour du Futur

12

Zwenkauer See

Die heutige Tour war lange etwas für Visionäre. Denn es brauchte zunächst Fantasie, um sich das Kippengebiet südlich von Markkleeberg als zukünftige Auenwald- und Seenlandschaft vorzustellen. Inzwischen ist der Zwenkauer See eine der angesagtesten Destinationen südlich von Leipzig.

Spätestens seit 2015, als die angestrebte Pegelhöhe erreicht war, firmiert der Zwenkauer See als größtes Freizeitgewässer weit und breit. Überdies bietet eine Wanderung durch die zusehends vernarbende Bergbaufolgelandschaft spannende Einblicke in die Selbstheilungskräfte der Natur.

Man startet am **Bahnhof Großstädteln** und bewegt sich südwärts am Bahndamm entlang, bis vom Schachtweg rechts ein Wanderpfad in die **Neue Harth** abbiegt. An der nächsten Gabelung orientiert man sich nach links. Nun geht es längere Zeit durch jungen Wald, der manchmal so jung gar nicht mehr ist. Erste Aufforstungen gab es bereits 1968. Damals waren es vor allem Pioniergehölze wie Pappeln. Längst erhielten sie aber Gesellschaft durch Rot- und Stieleichen, Kiefern, Eschen, Linden und Ahorn. Informationstafeln am Rand geben Kunde zur Historie der Region.

An der nächsten Gabelung geht es nach rechts und wenig später an einer weiteren (kurz vor der A 38) nach links. Von hier wandert man gut 4 Kilometer südwärts, nun durch offene heideähnliche Landschaft. So gelangt man an den künftigen **Zwenkauer See**. Im Uhrzeigersinn weiter am Wasser entlang, stößt man schließlich auf **KAP Zwenkau**. Das ist ein futuristisch anmutender Ausstellungspavillon mit einer schönen Dachgaststätte. Zu seinen Füßen wachsen kräftig der künftige Stadthafen und eine schicke Wohnsiedlung. Rund um das Ausflugsboot „Santa Barbara“, das dank einer Ausnahmegenehmigung schon seit 2008 auf dem damals noch steigenden Wasserspiegel kleine Runden dreht, ist inzwischen eine solide Hafeninfrastruktur gewachsen.

Zwenkau ist eine der ältesten Städte Sachsens. Anno 974 nennt es eine Urkunde das erste Mal. Die schön restaurierte Altstadt um Rathaus und **Laurentiuskirche** lohnt denn einen Abstecher. Etwa zur **Burg Zwenkau**, eine ursprünglich slawische Ringwallanlage, die später zum dreiflügeligen Schloss umgebaut wurde und heute als Rathaus samt Standesamt dient. Sehenswert sind auch der **Sattelhof** in der Pfarrgasse, ein herrschaftliches Fachwerkhaus aus dem 15. Jahrhundert mit teils spätgotischen Elementen, sowie das **Haus Rabe** in der Ebertstraße 26. Dahinter verbirgt sich ein Gesamtkunstwerk der Klassischen Moderne. Zum Interieur

Fahrradverleih
Wer ohne eigene Räder anreist, kann diese oder auch E-Bikes in Kühnis Radhaus in Leipzig-Knauthain leihen. In wenigen Minuten erreicht man von hier das Westufer des Cospudener Sees.

Kühnis Radhaus OHG
Dieskaustraße 459
04249 Leipzig
www.kuehnis-radhaus.de

Trianon am Zwenkauer See und Rathaus im Schloss Zwenkau

KAP Zwenkau
Im Obergeschoss lädt das „Kartoffelhaus Pelle“ ein. Mit einer besseren Aussicht isst man nirgends im Leipziger Neuseenland. Solides Angebot von fesch bis Fisch. Zum Komplex gehört eine Ausstellung zur Bergbaugeschichte.

Leipziger Str. 160
04442 Zwenkau
www.kartoffelhauspelle.de

des 1929/30 errichteten Quaders gehören Werke des Bauhaus-Künstlers Oskar Schlemmer. Der Weg dorthin führt vom KAP über die Leipziger Straße. Zurück zum See geht es zwischen Rathaus und Gotteshaus nach links die Mühlberg-Gasse hinab, über das trocken gefallene Bett der Batschke und dann – links des Waldbades – über den Eythraer Weg geradewegs durch das Eichholz. Am Ufer hält man sich links und sieht wenig später eine vierreihige Lindenallee. Sie zweigt nach links zur wiedererrichteten Tempelruine **Trianon** ab. Ab 1790 hatte sie als das Wahrzeichen des 1980 ebenfalls im Tagebau verschwundenen Dorfes Eythra gegolten.

Bald stößt von Süden der Neuseenland-Radweg dazu. Folgt man ihm, gelangt man nach 6 Kilometern zum Freizeitpark „Belantis“ und bald darauf zur **Bistumshöhe** am **Cospudener See**. Nach weiteren 3 Kilometern, vorbei an einem Freigehege für Bisons und Sika-Hirsche, erreicht man den Hafenkomplex **Pier 1**. Über die Zöbigker Straße kehrt man wieder zum Ausgangspunkt zurück.

Rad- oder Wandertour: 27 km (30 % asphaltiert, 70 % befestigt)

Start und Ziel: S-Bhf Markkleeberg-Großstädteln
S6 alle 30 Min., S3 alle 30 Min. ab Leipzig Hbf.

Becken, Buchten, Badestrände

13

Neuseenland

18 Seen zählen zum Leipziger Neuseenland. Zusammen bringen sie es auf 70 Quadratkilometer Wasserfläche. Da die stadtnahen Gewässer stark frequentiert sind, dringt man auf dieser Radtour ein wenig tiefer in das wachsende Wasserrevier ein. Anlaufpunkte bilden der Kahnsdorfer und der Hainer See, die Adria bei Borna und der Haselbacher See, durch den die Grenze nach Thüringen führt.

Luftbild vom Hainer See

Nach dem Ausstieg am Bahnhof **Großdeuben**, von wo man über die Wiesenstraße flugs an den nahen **Pleiße-Radweg** gelangt, tangiert man aber noch weitere Gewässer. So schon wenige Minuten nach dem Start zur Linken das **Rückhaltebecken Stöhna**. Das ist indes nur bei reichlich Regen oder bei Hochwasser gut gefüllt – aber auch dann nicht für jedermann betretbar. Denn hier hat der Naturschutz Vorrang. Es gehört übrigens ebenso wenig (zumindest offiziell) zum Neuseenland wie der Stausee Rötha, den man als nächstes erreicht. Dazu muss man zuvor die Pleißenaue **Böhlen** umfahren. Die Strecke führt links an der Stadt vorbei, zwingt einen aber an der Röthaer Straße zur Vorsicht. Denn hier geht es nach links über ein schlecht gesichertes Güterverkehrsgleis.

An der nächsten größeren Kreuzung folgt man indes nicht der Straße nach links auf Rötha, sondern biegt rechts in die Gauliser Straße ein. In **Gaulis** hält man sich auf der Dorfstraße links und gelangt so über den Mühlenweg zum **Stausee Rötha**. Er ist heute Angel- und Wanderrevier und zudem Trainingsstätte für Wassersportler. Man umrundet den See im Uhrzeigersinn, tangiert dabei die Stadt und rollt bis zum bewaldeten Südostufer immer am Ufer entlang. Schilder weisen hier dann bereits den Weg nach Kahnsdorf. Ein nagelneuer Radweg

Schillerhaus Kahnsdorf
Historisches Rittergutshaus, in dem einst Friedrich Schiller verkehrte. Barockes Ambiente, Schauplatz jährlicher Schillerfestspiele.

Theodor-Sältze-Str. 10
04575 Kahnsdorf

Restaurant & Schillercafé
Restaurant im Schillerhaus. Frische deutsche Küche, Kuchen, Kaffeespezialtäten. Faire Preise, Freisitze am Teich.

Auf dem Pleiße-Radweg

biegt schließlich nach rechts auf einen schmalen Kippendamm ein. Und der führt höchst attraktiv für gut 2 Kilometer zwischen dem **Kahnsdorfer See** zur Rechten und dem **Hainer See** zur Linken hindurch.

Der kleine Kahnsdorfer See ist übrigens auch einzig dem Naturschutz vorbehalten. Anders der gut dreimal so große Hainer See – er mausert sich langsam zu einem prosperierenden Wassersportrevier. Zwischen beide Gewässer zwängt sich jeweils an deren Südufern das Dörfchen **Kahnsdorf**. Das erreicht man, wenn man die autofreie Rechtsroute gewählt hat und nach dem Passieren des Kahnsdorfer Sees den unübersehbaren Schildern nach links folgt.

Das einstige Bergbaudörfchen betreibt eine offensive Tourismuspolitik – und es hat auch einigen Grund dazu. Immerhin trafen sich im Herrnhaus des früheren Rittergutes im Juli 1785 Friedrich Schiller und Christian Gottfried Körner, der Vater des Dichters und Dramatikers Theodor Körner. Beide schlossen hier eine Freundschaft, die für Schiller nicht nur Rettung aus finanzieller Misere bedeutete, sondern ihn auch zu seinem weiteren dichterischen Schaffen anregte. Heute lässt sich das nobel möblierte **Schillerhaus**, von dem ein schattiger Weg durch den **Gutspark** zum Hainer See führt, für Tagungen, Feiern und Jubiläen buchen. Stets im Juni ist es auch Mittelpunkt gut besuchter Schillerfestspiele. Auch die **Laurentiuskirche**, deren Kanzel und Altar aus

Gasthof Zur Erholung
Gemütliches Haus direkt an der Strecke, Biergarten, Billardzimmer, Pension. Regionale Haumannskost, die einen angenehm satt macht.

Forststr. 9
04565 Regis-Breitingen
www.regis-breitingen.de/erholung/

dem Jahr 1693 stammen, sowie eine (allerdings stark verwitterte) Pestsäule auf dem Friedhof finden viel überregionales Interesse.

Von Kahnsdorf radelt man durch den Park und dann nach rechts entlang der traumhaften Lagune gen Südosten weiter nach **Großzössen** und von hier – stets auf guten Radwegen neben der Straße – rechts nach **Lobstädt**. Die Glück-Auf-Straße führt hier direkt auf die Bahnstation zu. Wer mag, kann auch hier schon wieder den Zug heimwärts nehmen. Ansonsten folgt man dem Radweg nach links und biegt etwa 1 Kilometer später rechts in die Alt-Witznitzer Straße ein. So umfährt man ein Stück das **Speicherbecken** Lobstädt. Das geflutete Tagebaurestloch dient vor allem der Grundwasserregulierung.

Im Ort biegt man links in die Gartenstraße ein, die später in die Altenburger Straße mündet. Diese leitet einen geradewegs an die „Adria". Seriöse Karten nennen diesen See **Speicherbecken Borna.** Daher erklärt sich auch, dass der frühere Tagebaurestsee oft nur zum Teil gefüllt ist. Denn wenn die Pleiße Hochwasser führt, muss er noch immer ausreichend aufnahmefähig sein. Die Adria punktet mit einem Surfrevier auf Bornaer Seite, Naturstränden sowie ebenfalls Refugien, die kein ungefiederter Zweibeiner betreten darf.

Über ihren Nord- und Ostteil führt überdies der **Neuseenland-Radweg.** Eine breite Asphaltpiste umrundet damit den See. Man folgt ihr gegen den Uhrzeigersinn und radelt – an **Deutzen** vorbei – bis zur Südspitze des Gewässers. Nach einem Wäldchen stößt der Radweg auf die Bornaer Straße, die nach rechts auf **Regis-Breitlingen** zuläuft. Das ist das nächste Ziel. Von der Bornaer geht es nach links in die Deutzener Straße, von dieser rechts in die Goethestraße. Die geht bald in die Schillerstraße über, die nach der Pleißebrücke nun parallel zum Neuseenland-Radweg verläuft. Nach einer langen Linkskurve folgt dieser der rechts abzweigenden Forststraße. Es geht unter der Bahnbrücke hindurch, dann ein kurzes Stück steil aufwärts. Ist dies gemeistert, muss man erst links auf eine schmale Straße und nach etwa 200 Metern rechts auf einen Waldweg biegen. So erreicht man die nächste Perle der Neuseenland-Kette – dem **Haselbacher See.**

Gaststätte Zum Dorfkrug
Gaststätte und Pension, Saloon in der Westernstadt Haselbach.

Altenburger Str. 4
04617 Haselbach

Kohlebahn
Historische Schmalspurbahn auf früheren Tagebaugleisen zwischen Regis-Breitingen und Meuselwitz.

Fahrzeiten unter:
www.kohlebahnen.de

Serbitzer Hof
Gasthof & Pension
Ambitionierte Chefin bietet gute deutsche Küche. Auch auf größere Gruppen eingestellt. 10 Radminuten vom Bahnhof Treben-Lehma entfernt.

Serbitz Nr. 16
04617 Treben (OT Serbitz)
www.serbitzerhof.de

Auch hier wurde bis 1977 Braunkohle gefördert. Heute ist der weitgehend von Wald gesäumte See ein recht romantisches, weil noch weitgehend naturbelassenes Wassersportrevier. Doch auch er lässt sich nahezu komplett auf Asphalt umrunden. Man hält sich rechts und bleibt vorerst oberhalb des hohen Ostufers. Im Nordostzipfel wartet dann eine kleine Achterbahnfahrt: erst steil hinab, dann wieder steil hinauf. Es folgt ein Parkplatz, vor dem man sich links auf das Westufer zubewegt. Hier wirkt noch alles sehr urwüchsig. Pfade führen immer wieder durch Unterholz und Schilfgürtel zu kleinen intimen Badebuchten.

Am Südwestufer, das man nach zwei Findlingen über einen Dammweg erreicht, eröffnet sich sogar ein großes und recht nobles Segel-, Tauch- und Surfdomizil. Zuweilen sind hier sogar Rennen der martialischen Drachenboote zu erleben. Es ist allerdings nicht für jedermann zugänglich.

Ganz wird der See allerdings nicht umrundet. An einer Gabelung am Südostufer schwenkt man scharf rechts vom Wasser weg. Die Schilder weisen nach Haselbach. Der Weg umfährt in nordöstlicher Richtung eine Tonhalde und quert dann auf der Ramsdorfer Straße die Gleise der touristischen **Kohlebahn**. Diese Traditionsbahn mit Schmalspurweite 900 mm

Ferienhäuser am Haselbacher See

verkehrt fast jeden Sonntag ab Bahnhof Meuselwitz auf einer 15 Kilometer langen Rundstrecke über das Schnaudertal und die Anglerteiche des Auholzes in Richtung Regis-Breitingen. Nach einem Stopp in der Westernstadt Haselbach geht es zurück nach Meuselwitz – und zwar großteils auf den Schienen der ehemaligen Grubenbahn, die dereinst Rohkohle aus den Tagebauen in die Brikettfabriken bewegte. Dann folgt der Schienenstrang Leipzig – Altenburg. An der Altenburger Straße hält man sich rechts, biegt aber bald links in die Teichstraße ab.

Nun ist man wieder auf dem Pleiße-Radweg und passiert zur Linken ein weiteres Gewässer – den **Nobitzer Teich**. Auch er ist vor allem Schutzrevier für Vögel sowie Fischotter und gehört zum Naturschutzrevier Haselbacher Teiche. An seinem Ende, dort, wo ihn eine schmale Landzunge vom benachbarten Gewässer Der See trennt, erhebt sich ein Aussichtsturm, der den Blick über die idyllische Landschaft aus Teichen, Streuobstwiesen, Schafweiden und Pferdekoppeln schweifen lässt. Über 200 Vogelarten wies hier zwischen 2000 und 2012 eine ornithologische Studie 2000/2012 nach. Im Spätherbst gründeln hier vor den Sandbänken sogar Goldregenpfeifer, Kampfläufer, Grünschenkel und Kiebitze.

Noch vor der Pleißebrücke verlässt man die Route jedoch wieder. Auf einem regionalen Radweg, der nach rechts abzweigt, gelangt man durch die Wiesen nach Treben. Hier lohnt das restaurierte Rittergut einen letzten Stopp. Der lang gestreckte, 2,5-geschossige Adelsbau mit Mansardwalmdach entstand anno 1543 und bettet sich in einen Park mit einem hübschen Teich. Dann radelt man durch die Bahnhofstraße geradewegs zur Station Treben-Lehma.

Radtour: 40 km

Start: S-Bhf Großdeuben
S6 alle 30 Min. ab Leipzig Hbf.

Ziel: S-Bhf Treben-Lehma
S5 stdl. nach Leipzig Hbf.

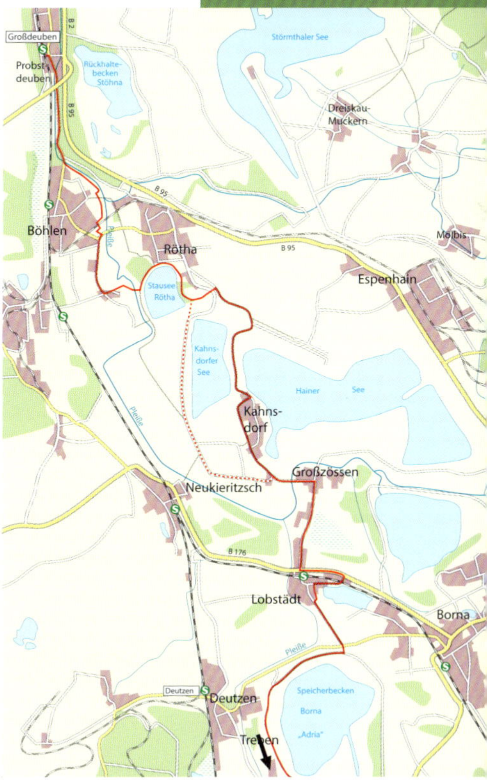

Die blaue Lagune

14

Hainer See

Leipzigs Neuseenland bietet immer wieder neue Überraschungen. Der beschauliche Rundkurs um den Hainer See zwischen Kahnsdorf und Borna ist fast noch ein Geheimtipp.

Mit dem Begriff „Lagune“ verbindet der naturnahe Genießer weltentrückte Flecken zwischen Schilf, Wasser und Wald. Das sächsische Kahnsdorf, über Jahrzehnte raumgreifend vom Tagebau Witznitz eingezwängt, schien hiervon Lichtjahre entfernt.

Umso mehr überrascht heute die „Lagune Kahnsdorf“: Wo sich bis 2010 ein Tagebaurestloch füllte, kann man heute Filmszenen mit Florida-Flair drehen. Schicke Uferbauten mit eigenem Steg, kleine Marinas, Segeljachten, Bootshäuser, eine Uferpromenade und drum herum viel Grün.

Die geschützte Bucht, in der auch der kleine Park mit dem Kahnsdorfer **Schillerhaus** endet, gehört zu jenem **Hainer See**, der seinen Namen einem abgebaggerten Dorf entlehnte. Mit 5,6 Quadratkilometern Fläche ist es eines der größten Gewässer im Leipziger Neuseenland. Es dauert so schon ein gutes Stündchen, will man ihn auf einem 15 Kilometer langen Rundweg umradeln. Dennoch hat diese Tour mit ihrem abwechslungsreichen Profil das Zeug zu einem Klassiker: markante Steiluferzonen im Norden und Osten, flache Bade- und Wassersportbereiche in der Haubitzer Bucht im Süden sowie der Kippendamm im Westen, hinter dem dann auch noch der naturgeschützte **Kahnsdorfer See** anlandet.

Wer mit dem Zug anreist, startet am besten am **Bahnhof Neukieritzsch** und folgt danach dem Weg durch die Bahnunterführung. Auf der anderen Seite führt die Straße des Friedens bis zur Schulstraße. Dort biegt man links in ein und hält sich an ihrem Ende rechts. Es ist bereits der Kahndorfer Weg, der nun nach wenigen hundert Metern geradeaus weiter in die Pleißenaue und über eine Brücke führt. Die Schilder zeigen längst **Kahnsdorf** an, wo mittlerweile jeder Weg(weiser) irgendwie zur Lagune geleitet. Inzwischen ist nahezu die gesamte Seerunde asphaltiert. Teils führt der Weg dicht am Ufer entlang, teils ein Stück oberhalb, wo leider auch Autos fahren dürfen.

Lagune Kahnsdorf
Nach dem Bummel entlang der Promenade empfiehlt sich eine Spritztour im Ruderkahn oder Elektroboot über den Hainer See.

Bootsverleih:
Theodor-Sältze-Str. 10
04575 Neukieritzsch
(OT Kahnsdorf)

Schillercafé im Gutspark Kahnsdorf

Restaurant Am Schlosspark Rötha
Von einer ambitionierten Wirtin geführtes Haus mit sehr guter gutbürgerlich-deutscher und sächsischer Küche von Wild bis Fisch. Gefühlvolles Ambiente mit Kreuzgewölbedecke, wuchtigen Säulen und offenem Kamin, was man dem Haus von außen nicht ansieht.

Johann-Sebastian-Bach-Platz 1b
04571 Rötha

Nach gut 3 Kilometern treffen sich dann sogar der Hainer See und der **Haubitzer See**. Von hier führt der Weg nun zunächst rechts um den deutlich kleineren Haubitzer See, vorbei an Badestrand und Jetski-Revier, um dann wieder am Hainer See anzukommen. Ein reizvoller Uferbereich mit viel Schilf, Stegen und einem künftigen Bootsverleih entstand derzeit am Nordufer, wo sich bei entsprechendem Wind auch die Kitesurfer recht wagemutig in die Lüfte heben lassen.

Wer den See nicht komplett umrunden will, um dann wieder ab Neukieritzsch zurückfahren, kann auch über **Rötha** zum Bahnhof Böhlen radeln. Dazu biege man im Nordosten des Hainer Sees nicht links auf den Kippendamm Richtung Kahnsdorf ein, sondern rolle – nunmehr entlang des Kahnsdorfer Sees – solange weiter geradeaus, bis es nach links zum Stausee Rötha geht. Am östlichen Ufer führt hier dann ein Radweg bis zum Röthaer Markt, von wo es auf dem Grüne-Ring-Radweg zügig zum **Böhlener Bahnhof** geht.

Radtour: 25 km

Start: S-Bhf Neukieritzsch
S6 mind. alle 30 Min., S5 ca. stdl. ab Leipzig Hbf.

Ziel: S-Bhf Böhlen
S5/S5X, S6 alle 30 Min. nach Leipzig Hbf. Oder Station Neukieritzsch
S6 alle 30 Min., S5 stdl. nach Leipzig Hbf.

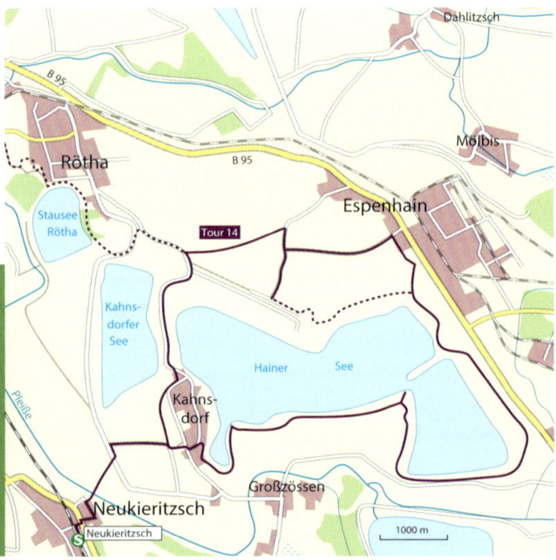

Schillercafé

Eine runde Vier-Seen-Tour

15

Schladitzer See

Nicht nur der Leipziger Südraum wandelt sich zur grünen Wasserlandschaft. Auch nördlich lässt es sich in neue maritime und naturnahe Refugien radeln. Da die Flutung hier teilweise noch im Gange ist, ergeben sich ganz andere Perspektiven.

Biedermeierstrand am Schladitzer See
Charmante Begegnungsstätte in weitgehend authentischem Ambiente des Biedermeier. Im Sommer gibt es diverse Veranstaltungen und Konzerte, u. a. Musik von Felix Mendelssohn-Bartholdy, Albert Lortzing und Salomon Anschütz.

Haynaer Strandverein e. V.
Mittelstr. 28
04435 Schkeuditz (OT Hayna)
www.biedermeierstrand.de

Diese Tour startet in **Leipzig-Wahren** und von der Unterführung aus radelt man auf der Pater-Gordian-Straße kurz nach rechts, bis links die Tannwaldstraße nach **Lindenthal** abzweigt. Ihr folge man auch dann, wenn sie ab der nächsten Kreuzung zur Lindenthaler Hauptstraße wird und schließlich am Ökobad einen Rechtsknick erfährt. Wenig später erreicht man so den Apelstein 14, an dem die Straße An der Hufschmiede nach links flott zur Ampel an der vierspurigen Louise-Otto-Peters-Allee führt. Jenseits der Kreuzung beginnt dann ein schön asphaltierter Radweg nordwärts in Richtung Radefeld, der auch die Autobahn 14 radfahrerfreundlich quert.

Bereits 2 Kilometer weiter ist das Dörfchen **Hayna** erreicht und damit auch das erste lohnende Ziel am Wasser. Denn am 220 Hektar großen **Schladitzer See**, zu dessen Südwestufer ein Asphaltband nach rechts führt, lebt der halbe Ort an sonnigen Wochenenden eine ungewöhnliche Passion aus: Man taucht authentisch kostümiert ins frühe 19. Jahrhundert ab. Wegweiser geleiten denn unfehlbar zum **Biedermeierstrand** – mit kleinen authentischen Häuschen, einer Theaterbühne, einem historischen Badekarren und einer wunderschönen alten Kahnschaukel.

Der Schladitzer See lässt sich auf gutem Grund komplett umrunden. Eine richtig runde Sache wird die Tour freilich erst, wenn sie den Bogen auch um die drei sich nördlich anschließenden Neu-Seen spannt: den Werbeliner See, den Grabschützer See und den Zwochauer See. Wer sich dieser Vier-Seen-Tour nicht verschließt, rolle ab dem Biedermeierstrand knapp 2 Kilometer nordwärts, um dann kurz vor **Wolteritz** den Tafeln zum linker Hand liegenden Werbeliner See zu folgen. Alternativ kann man auch auf halber Strecke rechts in die aufgeforstete Schaafshöhe abzweigen, um dann über die Wolteritzer Dorfstraße ebenso hierher zu gelangen.

Unmittelbar am Südzipfel des Werbeliner Sees hält man sich aber zunächst links und radelt auf den gut 4 Kilometer entfernten **Zwochauer See** zu. Die Strecke führt im leichten Zickzack über teils noch unbefestigte, aber baumflankierte Feldwege. Unterwegs verlockt Technikinteressierte ein Schild zu einem Abstecher nach links: Dort lässt sich ein riesiges Schaufelrad bewundern, wie sie einst hier

Rast am Schladitzer See

tätig waren, um letztlich auch diese neue Wasserlandschaft zu modellieren.

Dann geht es zurück und wieder auf den Weg Richtung Zwochau. Bereits einen Kilometer vor dem Dorf biegt man aber rechts zum gleichnamigen See ab. In etwa 400 Metern ist das kleine Gewässer, das sich derzeit noch durch Grundwasseraufgang füllt, erreicht. Künftig soll hier ein Badestrand entstehen, vorerst tummeln sich im langsam steigenden Nass nur Aale, Barsche, Hechte und Karpfen.

Der Weg am Südufer führt zügig zum **Grabschützer See**, der sich nahtlos anschließt. Auch dieses Tagebaurestloch befindet sich noch in Flutung. Seine unmittelbaren Randzonen sind daher tabu für Ausflügler – einerseits, weil sich der verkippte Boden weiter setzen soll und andererseits, weil hier die Natur Vorrang genießt. Dafür können Radler aber auf einem knapp 7 Kilometer langen Schotterrundweg fast mit Händen greifen, wie sich hier Fauna und Flora neue Reviere erschließen. Ein **Naturlehrpfad** informiert an 17 Stationen über Landschaftsgeschichte, Geologie, Ökologie sowie die Tier- und Pflanzenwelt in diesem zerklüfteten Biotop, das als europäisches Vogelschutzgebiet klassifiziert ist.

Auf etwa 3 Kilometern verläuft der Grabschützer See parallel zum sich östlich von ihm erstreckenden **Werbeliner See**. Mit 450 Hektar Fläche ist dieser das deutlich größte Gewässer zwischen Leipzig und Delitzsch. Auch der Werbeliner See, dessen Flutung abgeschlossen ist, gilt weitgehend als geschütztes Vogelrefugium. So wirkt er ebenfalls noch recht

Schaufelrad des Baggers SRs 6300
Das technische Denkmal zwischen Zwochau und Gerbisdorf, südlich des Werbeliner Sees auf einem Feld gelegen, lohnt einen Umweg. Es arbeitete einst im Tagebau Breitenfeld an einem Braunkohlebagger. Mit 180 t Gewicht und 17 m Höhe ist es weltweit eines der größten seiner Art.

Landgasthof Podelwitz
Beste sächsische Kochkunst, die in der Gaststube, einem früheren Gewächshaus oder im Biergarten genossen werden kann.

Wiederitzscher Str. 10–14
04519 Rackwitz
(OT Podelwitz)
www.landgasthof-podelwitz.de

urwüchsig. Dennoch sind die Wege auf der Ostseite bereits so glatt geteert, dass sich darauf selbst Inlineskater wohlfühlen. Zugleich lassen sich am noch weitgehend unverbauten Ufer wildromantische Sonnenuntergänge erleben – etwa von der hochgelegenen Halbinsel Brodauer Zinken im Nordosten oder unweit des Gedenksteins für das weggebaggerte Dorf Werbelin, dessen Namen der See entlehnte. Der Weg dorthin führt vom Grabschützer See auf zwei alternativen Radstrecken über die Nordspitze des Werbeliner Sees und dann weiter stets entlang des Ufers südwärts. Von Nord bis Süd misst der Werbeliner See rund 5,5 Kilometer. Es ist das längste Teilstück dieser wenig anstrengenden Tour.

Zurück in Wolteritz lädt am östlichen Dorfrand ein Badestrand zur Abkühlung ein. Wer es aber noch aushalten kann mit dem Sprung ins Wasser, sollte bis zur **Schladitzer Bucht** weiterstrampeln. Hier eröffnet sich nämlich fast schon mediterranes Flair. Weißer Sandstrand trifft auf tiefblaues Wasser und beides zusammen auf fast alles, was das Wassersportlerherz erfreut: Schwimmen, Rudern, Segeln, Surfen, Tauchen, Beachvolleyball … Junge Leipziger Sportlehrer bieten in ihrer Wassersportschule zudem Kurse für Jung und Alt, Anfänger und Fortgeschrittene an. Der etwas höher auf einem Findlingshügel gelegene Imbiss öffnet zugleich den Blick auf das ganze neu ergrünte Seengebiet.

Zurück geht es über den knapp 3 Kilometer entfernten Bahnhof **Rackwitz**. Der Radweg dorthin beginnt am Parkplatz und führt entlang der Haynaer Straße und später jenseits der nächsten Kreuzung parallel zur Güntheritzer Straße. Falls der Zug noch warten kann, lohnt indes ein Abstecher zum **Landgasthof Podelwitz**.

Start: S-Bhf Wahren
Tram 10 oder 11 alle 15–20 Min., S3 alle 30 Min. ab Leipzig Hbf., 30 km

Ziel: S-Bhf Rackwitz
S2 alle 30 Min. nach Leipzig Hbf.

Von Mühle zu Mühle

16

Delitzsch

An Windmühlen hat Nordsachsen mehr zu bieten als fast jeder andere Zipfel der Republik. Alle von ihnen abzuradeln, wäre ein wochenfüllendes Programm. Daher beschränkt sich diese Tour auf einige schöne Exemplare, die sich zudem meist auf etwas abgeschirmten Waldwegen erreichen lassen.

Am Unteren Bahnhof zu Delitzsch beginnt die Tour scheinbar ein wenig werblich. Denn die erste Etappe radelt man auf dem Raiffeisenweg in Richtung Bad Düben. Aufklärend sei indes angemerkt, dass der Urvater der Raiffeisen-, also der ländlichen deutschen Genossenschaftsbewegung, von eben hier stammt: Franz Hermann Schulze, später Hermann Schulze-Delitzsch. Der Bürgermeistersohn agierte viele Jahre als Richter über mehrere Rittergutsbezirke. So lernte er aus erster Hand die Nöte kleiner Betriebe auf dem Lande kennen, denen die fortschreitende Industrialisierung arg zusetzte. Nach einer Missernte 1846 gründete er darum ein Hilfskomitee, das der Beschaffung von Getreide und damit zum Unterhalt einer Mühle bei Delitzsch diente.

Und damit ist man schon beim heutigen Ausflug. Den Grund für die hohe Mühlendichte liefern übrigens die Böden. Sie sind überdurchschnittlich fruchtbar, sodass die Bauern den einst allgegenwärtigen deutschen Wald hier konsequenter rodeten als andernorts. Damit fiel einerseits ungewöhnlich viel Korn an, das nach jeder Ernte gemahlen sein wollte. Andererseits ließ das Fehlen von Bäumen den Wind in diesem ohnehin flachen Landstrich geradezu zu Hochform auflaufen. Ein regelrechtes Dorado für Windmüller also.

Von Delitzsch rollt man ostwärts, zunächst am nördlichen Rand von Beerendorf entlang und dann knapp 3 Kilometer durch Felder, bis in den **Sprödaer Wald** hinein. Hier ist es bereits deutlich windgeschützter. An der ersten Gabelung hält man Kurs, biegt also nicht sofort links nach Spröda ab, sondern erst gut einen Kilometer später an einer T-Kreuzung mitten im Wald. Unmittelbar vor Spröda führt der Radweg bereits wieder nach rechts, Richtung **Wannewitz**. Das durchfährt man, um etwa 500 Meter südlich des Dorfes links zur ersten Mühlenstation abzuzweigen: **Badrina**. In Badrina hat sogar der Mühlenverein Nordsachsen seinen Sitz. Das ist insofern

Bockwindmühle Tiefensee
Schaumühle mit Schrotgang, Walzenstuhl und Haferquetsche, Besichtigung nach Vereinbarung.

Familie Sommerfeld
Zur Mühle 1
04849 Bad Düben
(OT Tiefensee)

Bockwindmühle Löbnitz
Um 1760 erbaut, arbeitete bis 1924 nur mit Windkraft. Haferquetsche und Schrotgang funktionsfähig. Seit 1994 neues Antriebsrad und neue Ruten. Besichtigungen nach Vereinbarung.

Müllermeister Werner Döbler
Delitzscher Str. 28
04509 Löbnitz

Bockwindmühle Reibitz
Stand ursprünglich in Werbelin bei Delitzsch, 1994/95 originalgetreu wieder aufgebaut, dient zu Bildungszwecken und als touristische Attraktion.

Am Schullandheim 1
04509 Löbnitz
www.schullandheim-reibitz.de

Gasthof und Pension Zum Eichenast
Solide deutsche Küche.

Delitzscher Str. 2
04509 Löbnitz
www.eichenast.de

kurios, als dass ausgerechnet dieses Dorf gar keine Windmühle besitzt, wohl aber am romantischen Bäckerteich eine frühere Wassermühle. Reizvoller als das backsteinerne Mühlengebäude von 1750 – auch wenn das jährlich zum Deutschen Mühlentag zu Pfingsten tausende Besucher anlockt – ist indes der kleine Park hinterm Teich. Mehrere Fließe durchziehen ihn und schaffen so eine stimmungsvolle Waldauenlandschaft.

Nächstes Mühlenziel, diesmal mit einer echten Bockwindmühle, ist **Tiefensee**. Der Weg dorthin führt von Badrina nordwärts über **Scholitz**. Hier lohnt die kleine turmlose Kirche einen Zwischenstopp. Ende des 12. Jahrhunderts war sie auf dem höchsten Punkt des Dorfes aus Raseneisenstein und Findlingen erbaut worden. Am Ende des Dorfes muss man sich rechts halten (nicht links auf Reibitz), so erreicht man nach wenigen Minuten wieder den Raiffeisenweg. Auf den biegt man links ein. Die 5 Kilometer bis Tiefensee schützt nun erneut fast durchweg schöner Tann – erst die **Prellheide**, dann der **Schnaditzer Wald**. Vorsicht, auf halber Strecke muss man die B 183a queren!

Noch vor dem Dorfeingang von Tiefensee erspäht man links die Bockwindmühle. Anno 1847 am Rande von Delitzsch errichtet, sei sie erst um 1900 hierher umgesetzt worden, ist von Familie Sommerfeld zu erfahren. Sie betreibt das gute Stück in vierter Generation. Nach umfangreicher Rekonstruktion ist es heute eine sehenswerte Schaumühle. Anschließend geht es gleich am Ortseingang von

Wallgraben in Delitzsch

Tiefensee nach links weiter. Nun tourt man auf dem grün markierten Mühlenrundwanderweg. Daneben finden sich auch die gelben Symbole des Radweges Delitzsch – Bad Düben.

Nach 2,5 Kilometern durch Felder erreicht man den Ort **Roitzschjora**, bekannt durch seinen Segelflugplatz. Auch hier weiß man seit Langem den Wind zu nutzen. Im Ort hält man sich links, folgt so weiter dem Mühlenrundwanderweg und umfährt damit ein sumpfiges Teichgebiet. Am Wegesrand passiert man dabei den nächsten mahltechnischen Zeitzeugen. Allerdings überlebte von dieser Windmühle nur noch ein Stummel. Wesentlich properer nimmt sich da die Bockwindmühle in **Löbnitz** aus, das wenig später erreicht wird. Kein Wunder auch – sie gehörte bis zu seinem Tod 2020 noch einem leibhaftigen Müllermeister. War Werner Döbler daheim, konnte er viel über das 1760 erbaute Denkmal erzählen, das 1994 ein neues Antriebsrad und neue Ruten bekam. Bis 1924 mahlte hier noch der Wind das Korn. Inzwischen übernahm die Gemeinde Löbnitz das technische Kleinod. Haferquetsche und Schrotgang funktionieren noch immer.

Die Mühle liegt bereits an der Delitzscher Straße, die uns südwärts nach 3,5 Kilometern in Reibitz anlandet – dem nächsten Mühlendorf. Die Strecke führt sehr schön am **Seelhausener See** entlang und danach ein Stück durch das **Reibitzer Holz**. Nachdem man im Ort die B 183a gequert hat, hält man sich gleich links und folgt auf der Badrinaer Straße den Schildern zum Schullandheim. Die hier beheimatete Bockwindmühle ist noch funktionsfähig und eine der schönsten in der Region. Erst 1995 war sie hier originalgetreu neu errichtet worden. In Werbelin, wo sie bis 1950 in Betrieb war, hatte sie einem Tagebau weichen müssen. Das Schullandheim, das auch Nachtquartiere offeriert, gleicht einer Oase. Pfauen spreizen sich auf den Wegen im Kinderbauernhof, Schafe weiden auf den Wiesen und auf dem großen Teich kann man baden oder rudern. Zum Areal gehören eine Ausstellung agrarischer Geräte sowie eine Schlangenzucht.

Für die Rücktour nimmt man zunächst einen Feldweg, der südlich des Teiches entlang einer Kiesgrube westwärts zur B 183a führt. Hier zweigt nach links eine Landstraße ab, die nach knapp 2 Kilome-

Restaurant Zur Schlosswache
Direkt am Barockschloss in einem historischem Backsteinbau, außergewöhnliches Ambiente, Gourmetanspruch.

Schlossstr. 28
04509 Delitzsch
www.schlosswache-delitzsch.de

Café-Restaurant Marjuschka
Original russische Gerichte wie Borschtsch, Soljanka oder Pelmeni. Daneben auch Einheimisches von Strammer Max bis Schnitzel mit Bratkartoffeln, alles liebevoll zubereitet.

Markt 16
04509 Delitzsch

Schloss Delitzsch und Bockwindmühle Tiefensee

tern wieder nach **Wannewitz** führt und damit erneut auf den Raiffeisenweg. Über Spröda und Beerendorf geleitet der einen zurück nach Delitzsch.

Wer indes noch ein paar Körner zuzusetzen hat, fahre in Wannewitz die Straße weiter bis **Brinnis**. Die 1635 erstmals erwähnte Bockwindmühle des Dorfes dämmert derzeit allerdings flügellos dahin. Dafür lohnt eine Visite der Bockwindmühle in **Hohenroda,** wohin am westlichen Dorfausgang links eine Landstraße führt. Sie präsentiert sich nicht nur in Top-Verfassung. Arrondiert wird sie auch von einem historischen Backofen, einer kleinen Agrartechnikschau und einem Streichelzoo.

Auf dem grün markierten Radwanderweg Delitzsch – Eilenburg erreicht man schließlich nach knapp 8 Kilometern wieder **Delitzsch**. Die Altstadt ist noch einen Bummel wert. Vom Unteren Bahnhof rollt man dazu durch die Eilenburger Straße und weiter die Breite Straße entlang. Jahr für Jahr zeigt sich der historische Kern schöner. Traumhaft restauriert ist längst wieder der Schlossbezirk um das **barocke Palais**, das 1391 als Wasserburg entstanden war. Zu beeindrucken wissen der hübsche Garten sowie das geschmackvolle Interieur. Da das Schloss nun ein Museum, die Touristinformation und das Standesamt beherbergt, ist es für alle frei zugänglich.

Radtour: 44 bzw. 52 km

Start und Ziel:
S-Bhf Delitzsch Unterer Bhf
S2 alle 30 Min., RE 13 alle 2 Stunden ab/nach Leipzig Hbf.

MÜHLE

Die verkannte Schöne

17

Merseburg

Merseburg ist eine dieser großen Unbekannten. Von den Reizen der über 1150 Jahre alten Dom- und Residenzstadt weiß man selbst in engerer Umgebung wenig, obwohl sie vor Geschichte nur so strotzt. Welch ein ignoranter Irrtum!

Schwere Schäden im letzten Krieg, die Nähe zu einstigen Dreckschleudern wie Leuna und Buna sowie der Verlust der politischen Macht, die man noch bis in die 1930er-Jahre als Sitz einer preußischen Bezirksregierung ausübte, machten Merseburg zum weißen Fleck auf der touristischen Karte. Dabei ist der **Dom St. Johannes und Laurentius** seit jeher eine Landmarke Mitteldeutschlands. Bereits 880 fand die Stadt als „mersiburc civitas" erste Erwähnung. Anno 968 gründete König Otto I. hier ein Bistum. Der Dom ist denn auch das erste Ziel.

Vom Bahnhof läuft man geradeaus in die Poststraße und an der nächsten Kreuzung halblinks in die Hälterstraße. Nun bewegt man sich geradewegs auf den Schlossgarten zu. Links davor strahlt einem das prächtige **Ständehaus** aus dem 19. Jahrhundert entgegen. In dem heutigen Kulturzentrum residiert auch das Standesamt. Ein neugieriger Blick huscht ins Innere – und offenbart eine neoklassizistische und neubarocke Pracht, die sich in den Sälen, Treppen und Wandelgängen widerspiegelt. Fast schade, dass man schon verheiratet ist.

Über die Brauhaustraße geht es nun zum Dom. Kopfsteinpflaster kündigt den beginnenden Zeitraffer an. Man passiert das wuchtige **Krumme Tor**, muss noch ein paar Meter durch eine enge Gasse – dann füllt vollendetes Mittelalter die Umgebung. Seit fast 600 Jahren stehen sich auf dem in sich geschlossenen Domplatz Dom und Schloss ehern gegenüber. Der Bau des Doms begann gar 1015. Dank seiner erlesenen Ausstattung zählt er zu den Glanzlichtern an der Straße der Romanik. Das **Kapitelhaus** gründet noch auf Fundamente aus dem 12. Jahrhundert. Hier häufen sich die Preziosen des Domschatzes, etwa sakrale Plastiken und wertvolle Handschriften. Die wohl kostbarste ist eine prachtvoll kolorierte Bibel aus dem 13. Jahrhundert. Daneben entdeckt man ein Elfenbeinkästchen ebenfalls aus jener Zeit sowie romanische Altäre. Dagegen wirkt die mumifizierte – einst abgeschlagene – rechte Hand des 1080 gefallenen Königs Rudolf von Schwaben etwas unheimlich.

Zum Grübeln verleiten die beiden **Merseburger Zaubersprüche** in einem Gewölbe des Kapitelhauses. Im ersten Spruch geht es um die Befreiung von Gefangenen, im zweiten um die Heilung eines verletzten Pferdes durch germanische Götter. Musikalische

Luftfahrt- und Technik-Museumspark
Luftfahrzeuge aller Einsatzzwecke und Epochen, technische Geräte, Antriebstechnik, Maßstabmodelle. Das Café befindet sich in einem Flugzeug.

Kastanienpromenade 50
06217 Merseburg

Blick über die Saale auf Merseburg

Halbgötter, wie der schon zu Lebzeiten legendäre Franz Liszt, saßen hingegen an der Ladegast-Orgel im Dom, 1855 geweiht. Heute stellen die Merseburger Orgeltage alljährlich im Herbst einen kulturellen Glanzpunkt der Region dar.

Treppentürme, Erker und Portale zieren das Antlitz des dreiflügeligen **Schlosses**. Das Stadtmuseum im Inneren birgt allerlei Regionalgeschichtliches, sehenswertes Mobiliar und zudem historische Zündgeräte und Feuerzeuge sowie seltene Glasperlarbeiten. Skurril wirkt der Rabenkäfig mit zwei großen Kolkraben im Vorhof. Er symbolisiert eine alte Sage: Bischof Thilo, der Bauherr des Schlosses, ließ um 1500 einen Diener hinrichten, weil er ihn des Diebstahls bezichtigte. Doch später kam heraus, der Rabe des Oberpopen hatte den vermissten Ring stibitzt.

Der **Schlossgarten** bildet eine überraschende Oase in der industriell geprägten Region. Orangerie, Fontäne, Rabatten und Hecken – trotz des Wirkens des berühmten Landschaftsarchitekten Peter Joseph Lenné im 19. Jahrhundert erinnert er noch an sein barockes Vorleben. Und das kommt immer wieder zum Vorschein, wenn Ende Mai, Anfang Juni Merseburger Vereine zum Schlossfest laden. Üppige Kostümschau, Fackelumzug, mittelalterliches Handwerk, Spielmannauftritte und künstlerische Kurzweil ziehen Zehntausende an. Höhepunkt ist stets der historische Festumzug am Samstag. Tausend Akteure mimen stadtbekannte Würdenträger und Prälaten und präsentieren voller Gaudi Epochen, Episoden und Historien der über 1 150-jährigen Geschichte.

Domplatz Merseburg
Der Merseburger Dombezirk verzaubert durch seine perfekte MIttelalterkulisse. Umrahmt vom grünen Schlossgarten.

Dom und Kapitelhaus

Domplatz 7
06217 Merseburg
www.vereinigtedomstifter.de

In der Domstraße 15 bezog übrigens 2006 eine Dauerausstellung von Gemälden, Grafiken und Zeichnungen des wohl kraftvollsten ostdeutschen Malers Quartier. Sein Name? Na klar, **Willi Sitte!** Bundeskanzler Gerhard Schröder höchstselbst kam zur Vernissage. Vermutlich genoss auch er den Blick vom Schlossgarten auf die Saale mit der Anlegestelle für Fahrgastschiffe und pilgerte dann über die nahe Neumarktbrücke zu St. Thomae. Denn die Knotensäule am spätromanischen Hauptportal des gut 800-jährigen Gotteshauses ist einzigartig in mitteldeutschen Landen.

Kulturgesättigt läuft man über Dom- und Burgstraße zum Markt. Fachwerk säumt den Weg zum **Alten Rathaus**. Das stellt mit seinen Erkern, Gauben und Ziergiebeln glatt die maßlos hohe spätgotische **Marktkirche St. Maximi** in den Schatten. Am Markt zweigt man rechts zum Brühl ab und später erneut rechts in die Wagnerstraße. Noch einmal links in die Gotthardstraße und man stößt jenseits des Kreisels auf den **Vorderen Gotthardteich**, einen ehemaligen Steinbruch Man bummelt am rechten Ufer entlang, füttert die Schwäne, folgt dann einem kleinen Kanal, der rechts unter den Bahngleisen zum **Hinteren Gotthardteich** führt. So landet man in einem zauberhaften Rosengarten. Hier lässt sich problemlos der restliche Tag verbringen.

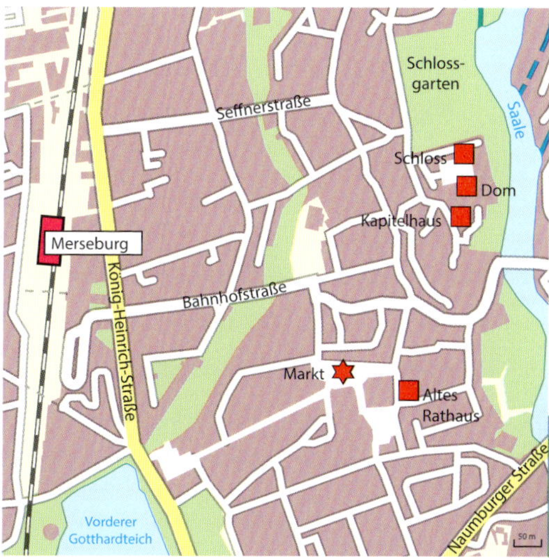

Kulturhistorisches Museum im Schloss
Sehenswertes zur Ur- und Frühgeschichte sowie zur mittelalterlichen Pfalz- und Bistumsgeschichte.

Domplatz 9
06217 Merseburg

Restaurant & Café „ben zi bena“
Direkt am Schloss gelegen, bieten die beiden Terrassen neben solider Küche auch einen herrlichen Blick auf Schloss, Schlossgarten und Dom. Der Name des Hauses geht auf den Zweiten Merseburger Zauberspruch zurück. Im selben Hause zeigt auch eine gleichnamige private Kunststiftung wechselnde Ausstellungen hochrangiger Künstler.

Domplatz 6
06217 Merseburg
www.benzibena.de

Spaziergang
Start & Ziel: Merseburg Hbf. RE 16 und RB 25 jeweils stdl. ab/nach Halle Hbf.

Vom Bergbau zum Weinbau

18

Geiseltalsee

Der einstige Tagebau Mücheln-Braunsbedra mauserte sich zum größten künstlichen Gewässer Deutschlands. Mittlerweile umkreist ihn ein asphaltierter Radweg. An vielen Stationen lässt sich hier verfolgen, wie die Region ihre neue Zukunft lebt, ohne ihre Herkunft zu verleugnen.

Am Merseburger Bahnhof radelt man nach rechts über die Lauchstädter Straße zum Kreisverkehr – und verlässt damit schon das Stadtgewirr. Denn hier trifft man auf den **Vorderen Gotthardteich**, an dessen rechtem Ufer man entlangfährt. Vorsicht, Fußgänger! Am Ende des anmutigen Gewässers geht es rechts unter der Bahnlinie hindurch zum **Hinteren Gotthardteich**. Die Schilder weisen Richtung „Südpark-Tierpark".

Man folgt ihnen auf einem schmalen Weg parallel zur Geisel, bis man an einer Wiese links abbiegen. An einer Ampel quert man eine vierspurige Piste und befindet sich nun im **Südpark**. Man passiert Tiergehege, fährt bis zur Parkbühne und hält sich an der nächsten Gabelung rechts, Richtung Wildschweingehege. Am Schmetterlingsgarten vorbei erreicht man die Brillenschafe. Hier geht es rechts über eine Brücke. Kurz darauf führt links ein Weg durch sumpfige Wiesen. Nach gut einem Kilometer macht man einen blau getünchten Plattenbau aus. Hier biegt man links auf einen breiteren Weg ein, kommt so nach **Zscherben**, wo man sofort einem befestigten Wirtschaftsweg nach rechts folgt.

Nun kann man nichts mehr falsch machen. Bis zum Geisetalsee ist man „schildtechnisch" gleich doppelt abgesichert – mit dem Logo des Radweges „Salzstraße" sowie der gelben Muschel des Jakobswegs. Man radelt immer geradeaus, überqueren hinter **Beuna** die Autobahn. In **Reipisch** windet sich die Salzstraße nach rechts Richtung Frankleben, führt durch die Kleingartensparte „Glück auf" und nähert sich nun unaufhaltsam dem See. In **Frankleben** muss man an der Hauptstraße kurz rechts und gleich wieder links. Hinter der Buswendeschleife dürfen dann nur noch Drahtesel weiter. Der Rundweg um das einstige Tagebaurestloch ist fast erreicht.

Links oder rechts herum, lautet am Ufer die Frage. Im Grunde ist es gleich. Man hält es mit dem Uhrzeiger und das aus gutem Grund. Denn nach gut einem Kilometer lockt ein Schild zum **Geiseltal**

Geiseltal Café (vormals Café Pfännerhall)
Museumscafé in der früheren Zentralwerkstatt Pfännerhall in Braunsbedra, einst die Mechanische Werkstatt der Brikettfabrik Braunsbedra. Kaffeeangebot, Speisen und Getränke, Weinverkostungen.

Westring 9
06242 Braunsbedra
www.geiseltal-cafe.de

Marina Mücheln am Geiseltalsee

Café in Braunsbedra. Der Name erinnert an die frühere Zentralwerkstatt des Braunkohlebetriebes. Ein Verein saniert sie derzeit peu à peu. Zwei junge Frauen betreiben das Lokal in der Industriebrache, die auch sonst neues Leben eingehaucht bekam. Denn sie gehört zur **Glück-Auf-Route**, die Stätten des sachsen-anhaltischen Industrietourismus verbindet. Zudem bietet sie den spröd-charmanten Rahmen für Workshops, Ausstellungen und ein jährliches Tangocamp im Juli.

Dass auch die einstige Bergarbeiterschlafstadt **Braunsbedra** einiges vom Tourismuskuchen abbekommt, den das Geiseltal seit Jahren bäckt, sieht man beim Weiterradeln. Unterhalb von **Leonhardt**, einem 14 Meter hohen hölzernen Aussichtturm, entstand inzwischen eine Marina. Sogar eine kleine Seebrücke erstreckt sich nun in den ehemaligen Tagebau, daneben schaukeln schwimmende Ferienhäuser im See.

Das benachbarte Mücheln erfreut sich schon länger an solch touristischer Aufwertung, doch bis dahin sind noch einige Kilometer zu strampeln, wenn auch auf makellosem Asphalt. Zudem gibt es auch vorher allerhand zu sehen, so bei **Krumpa** ein **Geologisches Fenster**. Es handelt sich um eine aufgeschnittene Böschungswand aus Laacher Seetuff. Sie vermittelt recht anschaulich die Entstehungs-

Tagebaufahrten, Schiffstouren, geführte Wanderungen
Der Interessen- und Förderverein Geiseltalsee e. V. organisiert touristische Touren zu Lande und zu Wasser. An ausgewählten Stationen wird die Entwicklung des Geiseltales erläutert. Die Touren sind individuell gestaltbar.

Geiseltalstr. 1
06242 Braunsbedra
www.geiseltalsee-ifv.de

geschichte der Geiseltalkohle aus der Asche eines Vulkans, der vor 11 000 Jahren in der Eifel ausbrach.

Vor **Neubiendorf** entdeckt man einen noch nicht ganz ausgewachsenen Irrgarten. Putzigerweise nennt er sich „Im Urpferdchen". Das kommt indes nicht von ungefähr. Denn als die Bagger hier der Erde noch Braunkohle entrissen, schaufelten sie auch manch tierisches Fossil zu Tage. Und das markanteste war ein 50 Millionen Jahre altes Urpferd. Während man das nur im Hallenser Geiseltalmuseum bewundern kann, sind entlang des Sees zumindest viele technische Bergbaurelikte aufgestellt, so auch solche Baggerschaufeln.

Auch sonst erinnert die Uferpromenade noch stark an den Bergbau, der die Region weit über hundert Jahre lang prägte – bis 1993. Fast ausgelöscht scheint er indes an der Marina **Mücheln**. Die weitgehend fertige Infrastruktur verheißt schon seit Jahren ein schnell wachsendes Wassersport-Dorado. Ein weißer Hafenturm mit einem schicken Piergebäude strahlt schon in Mücheln weithin in der Sonne. Neben dem **Aussichtsturm Pauline** arbeitet auch eine ebenso freundliche wie auskunftsbereite Touristeninformation. Geradezu mit Händen lässt sich hier greifen, wie sehr sich die lange gebeutelte Region den Landschafts- und Imagewandel herbeiwünscht.

Fast Unglaubliches erlebt man diesbezüglich im Nordwestzipfel des Sees: Weinbau auf der Abraumkippe. Die Lage „Goldener Steiger" bildet indes den höchsten Punkt der Seeumrundung. So stärkt man sich kurz zuvor noch auf einer lauschigen Halbinsel, die weit in den See ragt. Man durchstreift einen Findlingsgarten, plaudert an einer Naturstation mit Vogelkundlern – und verschnauft an der Wetterschutzhütte des Fördervereins Geiseltalsee. Infotafeln erzählen hier von den wiederholten Umbrüchen der Region. Dann heißt es: Flugs die Bratwürste aus den Satteltaschen holen und die an der Hütte bereitstehenden Grillroste anfeuern.

Nachgespült wird aber am kleinen Ausschank direkt am **Weinberg**. Ein junger Mann hantiert zwischen den Rebstöcken, steckt Ranken hinter Drähte, schneidet Fehltriebe ab. Ja, es sei sein Berg, erzählt er. Drei Jahre Kampf mit Ämtern habe es gekostet, ehe er auf der Halde, die sich 250 Meter steil zum Ufer hinabzieht, 10 000 Stöcke setzen durfte, verrät

Weinbau am Geiseltalsee
Die Straußwirtschaft von Lars Reifert lädt Mai–Sep. Di–Fr 11–16, Sa/So/Fei 10–18 Uhr ein.

Ehrauberge 25
06632 Freyburg/Unstrut
www.weinbau-am-geiseltalsee.de

Dorfkirche in Stöbnitz

Geiseltalsee – Winzer Lars Reifert und Burenziegen, die als Landschaftspfleger dienen

Hafenkontor, Fahrradverleih & Touristinformation
Direkt im Hafengebäude der Marina Mücheln befinden sich das Hafenkontor, ein Café und die Touristinformation. Von April bis Oktober auch Tourenrad- und E-Bike-Verleih. Vorbestellungen unter:

www.geiseltalsee.de

er. Doch besser hätte er diese Lage gar nicht wählen können, so der Hobbywinzer: Südhang mit 25- bis 30-prozentiger Steigung, im Norden Wald als Schutz vor Kaltluft und vis-à-vis der See, dessen Wasser tagsüber die Sonnenwärme speichert und sie nachts an den Hang abgibt. So kann er schließlich daheim in Freyburg vorzügliche leichte Weiß- und Rotweine ausbauen – neben Müller-Thurgau auch Spät- und Grauburgunder sowie Traminer. Sogar eine Weinprinzessin kürt das Geiseltal nun Jahr für Jahr.

Die restliche Strecke zurück nach **Frankleben**, von wo es retour nach **Merseburg** geht, brettert man fast nur noch bergab. Heidewitzka, Herr Kapitän, hätte das nicht den ganzen Tag so gehen können? Bald muss man allerdings richtig scharf bremsen, denn man trifft unterwegs noch auf einige Burenziegen und Hereford-Ochsen, die am Hang grasen. Sie leisten hier ihren Teil, damit der begrünte Hügel nicht mit Robinien, Akazien oder Birken verbuscht.

Radtour:
50 km, Abkürzungsmöglichkeit: Nach 25 km von Station Mücheln (Geiseltal) RB 78, stdl. bis Merseburg

Start und Ziel:
Merseburg Hbf.
RE 16 und RB 25 stdl. ab/nach Halle Hbf.

Bergkirche in Beu

Durchs westliche Muldental

19

Beucha – Bennewitz

Alle Reize zwischen Beucha und Bennewitz auf einer Tour, die fast nur durch Wald und immer wieder zum Wasser führt, Berge erklimmt und auch Paddelstege, reinrassige Pferde und schöne Lokale nicht auslässt.

Die nicht ganz so kurze Rad- bzw. auch Wandertour beginnt am Bahnhof in **Beucha**. Bevor man aber Richtung Osten aufbricht, lohnt zuvor ein Rundgang zu den Attraktionen von Beucha.

Über die August-Bebel-Straße geht es circa 500 Meter in westlicher Richtung, bis rechts ein Weg zum Kirchbruch auftaucht. In diesen eingebogen, gelangt man schnell zum Hochufer und erblickt auf einem Hügel über dem Gewässer die wichtigste Sehenswürdigkeit der Region: die **Wehrkirche** von Beucha. Wie gemalt thront sie auf einem Felssporn über dem Kirchbruch. Selbst internationale Reiseführer erwähnen das kleine Gotteshaus, dessen älteste Teile – Turm und Sakristei – fast 1 000 Jahre alt sind. Seit 2006 ertönt auch wieder ihre restaurierte Orgel. Um die Kirche zu besichtigen, führt der Weg über den Kirchberg.

Weiter geht es über die Dorfstraße und die Kleinsteinberger Straße in südlicher Richtung zum **Albrechtshainer See**, besser bekannt als Autobahnsee. Er ist einen längeren Stopp wert, gleich ob zum Baden, Picknicken, für eine Ruderpartie oder eine kleine Klettertour im **Hochseilgarten**. Letzteren erreicht man ebenso wie den Bootssteg entlang des rechten Uferweges. In einem Imbiss mit einer etwas spartanischen Terrasse direkt neben dem Bootsverleih lässt sich auch der Durst stillen.

Nach einer Seerunde hält man sich in Beucha rechts nach **Kleinsteinberg**, passiert Schienen und biegt nach der „Little Stone Hill Ranch" links ab. Vor der verwaisten Bahnstation Beucha-Ost geht es rechts in den Ammelshainer Weg, von dem wenig später links der Forstweg abzweigt. Den durchmisst man in seiner ganzen Länge, quert am Ende die Straße zwischen Brandis und Waldsteinberg und gelangt so nach einem leichten Rechtsschlenker in den Rotkehlchenweg. Durch den strampelt man hinauf bis zur Naunhofer Straße.

Wer schöne Aussichten mag, akzeptiere einen kleinen Umweg nach rechts. Denn wenig später führt ein spitzsteiniger Weg links zum 179 Meter hohen **Kohlenberg** hinauf. Das Rad bleibe darum lieber unten an einem Baum stehen. Vom Rande eines tiefen Kraters, des **Westbruchs**, den man oben erreicht, kann der Blick weit ins Land wandern. Noch das Völkerschlachtdenkmal lässt sich ausmachen.

Kletterwald Leipzig (Albrechtshain)
Direkt am Albrechtshainer See (Autobahnsee), ca. 2 ha Fläche, 11 Parcours mit über 80 Kletterelementen. Ausschließlich Online-Buchungen!

Am Albrechtshainer See 1
04683 Albrechtshain
www.kletterwald-leipzig.de

Am Ammelshainer See

Vom Hochplateau aus schließt sich auch schöner Wanderwald an. Für Radler ist er aber eher ungeeignet. Wer jedoch per pedes den Hügel überwinden will, orientiere sich an einem der nach links steil abwärts führenden Waldwege in Richtung Fachklinikum oder Ostbruch. Denn beides erreicht man auch im Sattel, wenn man – zum Rad zurückgekehrt – auf der Naunhofer Straße nun entgegengesetzt bis zum **Kohlenbergteich** rollt und unmittelbar davor rechts den etwas urwüchsigen Uferweg wählt.

Am Ende des Teichs geht es schließlich rechts über ein Brücklein zur schön gelegenen Klinik. Hinter dieser verläuft die Bergstraße, in die man rechts einbiegt. Am Waldrand hält man sich links und gelangt so über arg buckeliges Pflaster auch zum Ostbruch. Mit etwas Glück entdeckt man ein paar Kammmolche.

Der Weg zu dem Granitbruch umrundet eine Gartensiedlung, an deren Ende rechts etwas versteckt das Biotop liegt. Geradeaus geht es wieder in den Brandiser Forst zurück. Schon an der ersten Gabelung hält man sich jedoch links, folgt also nicht dem grün markierten Wanderweg und stößt so auf einen verwaisten Schienenstrang mitten im Wald. Den muss man überqueren und kurz darauf rechts über eine etwas marode Brücke balancieren. So gelangt man am Feldrand entlang zum einstigen Brandiser Waldbad. Das lädt auch heute noch zum Baden ein. Nur ein Schwimmmeister wacht nicht mehr darüber – allenfalls die Angler, die sich hier ein friedvolles Refugium schufen.

Eiscafé Lilly Vanilly
Das beste Eis in ganz Nordwestsachsen und vermutlich noch weiter!

Naunhofer Str. 30
04821 Waldsteinberg
www.lilly-vanilly.de

Forsthof Waidmannsheil
Originelle Gaststätte in urigem Ambiente mitten im Wald, von allen Seiten gut ausgeschildert, rustikale Küche, leutseliges Personal, Grillhütte, Kinderspielplatz, Holzlehrpfad, Fitnessgeräte.

Hauptstr. 2a
04828 Altenbach
(vom Planitzweg in Richtung Schmölen links halten)
www.forsthof-waidmannsheil.de

Am Anglerheim vorbei umrundet man den See etwa zur Hälfte, bevor ein schmaler Weg wieder rechts in schönen, lichten Wald führt. Er endet an einem Feld, an dem man sich erneut am Waldrand immer links hält. So kommt man nach **Polenz**. Der Weg führt am Teich vorbei zur Klingaer Straße. Hier muss man ein kleines Stück nach links, um dann gleich wieder rechts die schmale Trebsener Straße zu nehmen. Als Orientierung diene die Ausschilderung zum Gestüt „Ganaderia El Camino Andaluz". In dem werden, wie der Name andeutet, reinrassige spanische Pferde gezüchtet.

Der Weg führt zunächst durch Felder, die von Alleebäumen flankiert werden. Nach 2 Kilometern mündet er wieder im Wald. Der nennt sich nun **Planitz** und empfiehlt sich mit gut 2 000 Hektar als das größte zusammenhängende Forstrevier im westlichen Muldental. Entsprechend gut ist er ausgeschildert. Man orientiert sich an der ersten Wegekreuzung geradeaus, pilgert nun auf dem gelben Weg, den man erst wieder am Schutzpilz an der Sechs-Wege-Kreuzung verlässt. Denn hier mündet er in den vereinigten Muldental-Wanderweg und Mulderadweg, die beide von rechts hinzustoßen. Nach etwa vier Kilometern nordwärts, also geradeaus, erreicht man schließlich **Bennewitz**.

Gasthof & Pension Bennewitz
Seit über 100 Jahren Traditionsgaststätte mit überdurchschnittlich guter sächsischer Landkost und gemütlichem Ambiente. Innen schön saniert, vor allem der sehenswerte Saal. Eigene Pension. Direkt an der B 6.

Leipziger Str. 15
04828 Bennewitz

Rad- oder Wandertour: 20 km

Start: Bhf Beucha
RB 110 alle 2 Std. ab Leipzig Hbf.

Ziel: S-Bhf Bennewitz
S4 alle 30 Min. nach Leipzig Hbf.

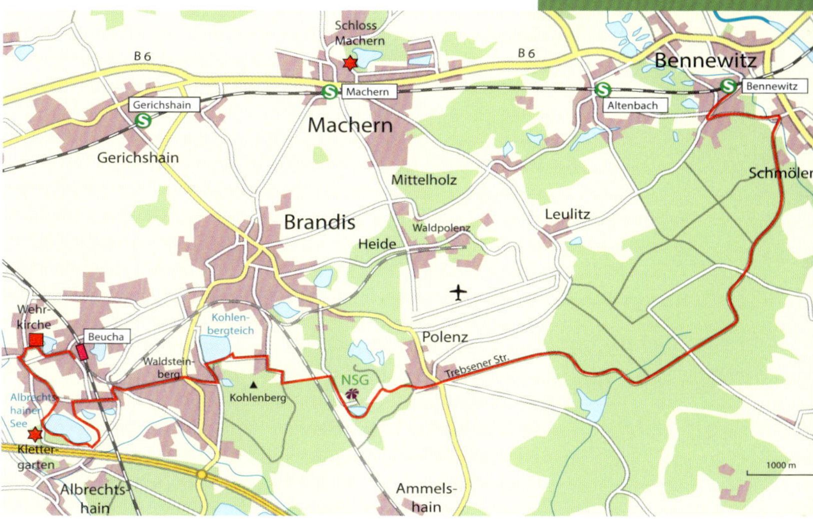

An der Wiege Sachsens

20

Eilenburg – Wurzen

Heute geht es zu Kursachsens Wurzeln und zugleich in wenig berührte Natur. Von Eilenburg bis nach Wurzen, zwei der ältesten sächsischen Städte, lassen sich prachtvolle, aber verwaiste Schlösser, anmutige Parks und Dörfer, die zu neuem Leben erweckt werden, erleben.

Eilenburg empfängt den Gast grün. Vom Bahnhof fällt er geradezu in den Stadtpark, der sich am Mühlgraben fast bis zur Innenstadt entlangzieht. Ebenso klein wie fein gibt sich der integrierte **Tierpark**, in dem immerhin 250 Tiere grunzen, blöken, fauchen oder nur einfach stumm schauen wie die possierlichen Liszt-Äffchen.

Schon vom Park aus sieht man Eilenburgs **Burgberg**, der ohne alle Aufschneiderei als Wiege Sachsens durchgehen darf. Denn anno 1089 schlug eben hier, als Graf Heinrich I. zu Eilenburg vom Kaiser mit der Mark Meißen belehnt wurde, die Geburtsstunde des wettinischen Territorialstaates. Von der Illburg aus dem 10. Jahrhundert überlebte indes nur der 16 Meter hohe, kernige Sorbenturm. Experten sehen in ihm Sachsens ältesten Backsteinbau. Er darf bestiegen werden und eröffnet so einen umfassenden Blick auf das Tal der Mulde.

Nach und nach erwacht auf dem Burgberg aber auch weiteres altes neues Leben. Nach dem Burgtor sanierte ein Verein den kleinen Bergfried und die Burgbergmauern. Höchst originell ist auch der Lauschberg auf dem Burggelände. Dahinter verbirgt sich eine halbkreisförmige metallene Kunstinstallation mit angeschweißten Flüstertüten, durch die man die in Eilenburgs Stadtgeschichte allgegenwärtigen Heinzelmännchen hören soll.

Über die Leipziger Straße erreicht man danach den **Markt**. Den beherrscht, wie es sich gehört, das Rathaus. Doch mit ihren Rathäusern hatten die Eilenburger nicht so recht Glück. Mehrfach wurden sie zerstört, mal durch Feuer, mal durch Krieg. Ihr erstes von 1403 nannten sie noch Kaufhaus. Das heutige, das Anleihen an einen Renaissancebau von 1544/45 nimmt, vollendeten sie Ende 1949. Und das widerstand nun auch der Jahrhundertflut im August 2002. Auch der kesse Marktbrunnen, erst 2000 eingeweiht, hatte zwei Vorgänger – und auch er trotzte dem Hochwasser. Das Wasser speien übrigens sandsteinerne Ritter. Zwischen ihnen tanzt ei-

Sorbenturm Eilenburg
Begehbares Wahrzeichen der Stadt, 16 m hoch.
04838 Eilenburg

Bergkirche St. Marien in Eilenburg

nes jener Heinzelmännchen, die einst der Sage nach die Grafen auf dem Berg das Gruseln lehrten. Selbst Grimms Märchen wissen davon zu berichten.

Vom Markt rollt man ostwärts der Mulde entgegen. Gleich hinter der Brücke zweigt rechts die Kastanienallee ab: Man hat den Mulderadweg erreicht. Auf asphaltierter Piste führt er durch weite Auen zunächst bis **Kollau**, einem kleinen Runddorf. Kurz davor wird man zum Grenzverletzer. Denn an einer imposanten einzelnen Eiche passiert man die alte Grenze Preußens nach Sachsen. In Kollau lohnt ein Abstecher zum Muldendamm. Wenn man ihn überquert, gelangt man flussabwärts zum Bobritzer Damm. Hier kann man auch baden. Die Wehranlage stammt noch aus dem Mittelalter. Entsprechend hatten ihr die Naturgewalten zugesetzt. Mit der Sanierung 1999 erhielt sie auch eine Fischtreppe.

Wieder zurück in Kollau folgt man nicht dem Mulderadweg, sondern zweigt links gen **Thallwitz** ab. Hier ist in der Kollauer Straße rechter Hand das Highlight des Dorfes nicht zu übersehen – ein Jagdschloss aus dem 16. Jahrhundert. Von Ferne wirkt es wie eine fesche Kulisse für barocke Sachsenfilme. Man muss näher heranradeln, um die blinden Fenster und bröckelnden Fassaden auszumachen. Am Mast weht eine längsgestreifte schwarz-rot-goldene Fahne. Doch es ist nicht die deutsche, sondern

Gasthaus Zum Reußischen Hof
Landgasthof direkt im Ort, historisches Gebäude, frisch restauriert, mit Weinkeller, Biergarten, Hofscheune. Liebevoll bereitete regionale Küche.

Neue Hauptstr. 3
04808 Thallwitz
www.reussischerhof-thallwitz.de

die des Fürstenhauses Reuß. Das hatte das noble Anwesen, hinter dessen Freitreppe sich ein höchst lauschiger Park öffnet, nach langem juristischem Streit 2008 zurückbekommen. Seit 1942 arbeitete in dem Palais indes eine weltweit renommierte Klinik für Kiefer- und Gesichtschirurgie. Diese verlegte das Land Sachsen aber 1994 nach Leipzig. Heute kann man das Schloss für Events mieten.

Parallel zur Kollauer Straße verläuft die Mühlenstraße. Hier lohnt ein Abstecher zu einer historischen Sägemühle von 1790. Sie ist wieder voll funktionsfähig. Ihre Kraft bezieht sie aus einem oberschlächtigen Wasserrad im Lossabach.

Durch den Schlosspark führt ein Radweg in Richtung **Wasewitz**. Am Dorfteich trifft man wieder auf den Mulderadweg. Man folgt ihm nach links bis nach Canitz. In diesen beiden sogenannten Wasserdörfern dominiert Ökolandbau. Denn aus ihrem Umland stammt das Trinkwasser für Leipzig. Das bringt auch Geld und öffentliche Zuwendung. So wurden jüngst etliche der typischen Dreiseithöfe saniert. Der **Park Canitz** mauserte sich gar zu einem Kleinod. Frühere Agrargebäude sind wieder denkmalgerecht instandgesetzt, daneben entstanden authentische Nachbauten slawischer und germanischer Häuser. Den Clou bildet ein Langhaus aus der Jungsteinzeit. Themen- und Naturgärten sowie ein „Garten der Kinder“ runden den Park ab.

In **Canitz** folgt man nicht dem Mulderadweg. Man fährt erst nach links und dann auf einem guten Feldweg rechts nach **Nischwitz** – und damit zum nächsten (leider auch leer stehenden) Schloss. Nur gelegentlich liefert die Rokoko-Anlage, die der machtgierige Dresdener Premierminister Heinrich Brühl um 1750 zum repräsentativen Sommersitz ausbauen ließ, den Rahmen für Kostümbälle und andere exklusive Festivitäten. Heute gehört das Palais einem privaten Investor, der es Stück für Stück restauriert. Hoffront, Orangerie sowie das Teehaus im Garten sind bereits fertig. Man schaue übrigens mal in den Park – und staune: Die Eichen, Ulmen und Eschenhaine wurden so raffiniert gesetzt, dass man meint, hier beginne ein großer Wald.

Von Nischwitz ist es auf guter Radpiste parallel zur Hauptstraße nicht mehr weit nach Wurzen. Alternativ kann man auch weiter auf dem Mulde-

Restaurant Schloss Wurzen
Feine Küche und rustikales Ambiente im ältesten Schloss Deutschlands, attraktive Sehenswürdigkeiten wie Wendelstein und Netzzellengewölbe. Rittertafel, Candle Light Dinner, regelmäßige Events, Standesamt.

Amtshof 2
www.schloss-wurzen.de

Schloss Nischwitz und Auenlandschaft an der Mulde

radweg fahren, der nahe des Flusses auf einem gut befahrbaren Feldweg verläuft. So oder so gelangt man zum **Wurzener Stadtwald** und folgt weiter dem Mulderadweg.

In **Wurzen**, so scheint es, lässt es sich seit je gut leben. Jedenfalls weisen archäologische Grabungen in der urigen Gasse Crostigall, in der einst auch der Schriftsteller Joachim Ringelnatz zur Welt kam, eine Siedlungskontinuität von 6 000 Jahren nach. Schon 961 nennen frühe Urkunden den Namen der Muldestadt.

Wurzen nur an einem Spätnachmittag zu durchstreifen, wäre frevelhaft. Natürlich muss man noch einmal wiederkommen. Doch für einen kurzen Bummel durch den historisch gewachsenen Stadtkern reichen Zeit und Muße. Vom Markt mit dem Alten Rathaus und dem **Ringelnatzbrunnen** führen Gassen in alle Richtungen. Oft werden sie von Renaissance- und Barockgebäuden gesäumt, so auch die Domgasse, die zum **Dom** und zum **Schloss** geleitet.

Der Bau des Schlosses begann übrigens, wie Schlossgraben und die einstige Zugbrücke erkennen lassen, anno 1491 noch als Wehrburg. Er endete dann aber 1497 als Bischofsresidenz. Es gilt damit als überhaupt ältestes Schloss im deutschsprachigen Raum. Heute residiert hier nun ein rustikales Hotel samt Restaurant, in dem man seine Tour vor der Rückfahrt vom nahen Bahnhof ausklingen lassen kann.

Radtour: 18 km

Start: S-Bhf Eilenburg
S4 alle 30 Min., RE 10 stdl.
ab Leipzig Hbf.

Ziel: S-Bhf Wurzen
S4 alle 30 Min., RE 50 stdl.
nach Leipzig Hbf.

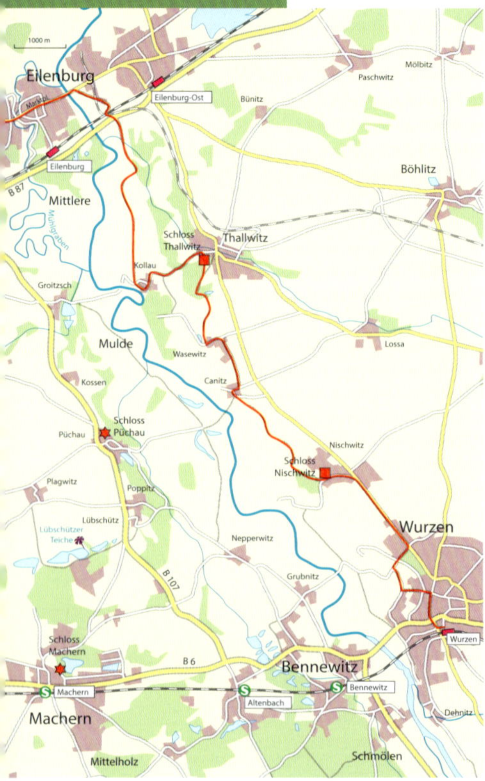

Ab ins Umland

Mit S-Bahn, Regionalbahn oder Bus gelangt man schnell und unkompliziert auch etwas weiter hinaus und kann so die Großstadt ganz hinter sich lassen. Dann locken zum Beispiel die neuen Seen im Geiseltal oder im Leipziger Land. Wer mag, kann Saaleburgen besteigen, in einem Kurpark inhalieren, auf Gartenrouten lustwandeln oder Försters Spuren folgen.

Rokoko-Schloss Mosigkau im Gartenreich Dessau-Wörlitz

Historie auf Schritt und Tritt

21

Torgau

In der Renaissance-Perle an der Elbe vereinen sich nicht weniger als 500 Einzeldenkmale. Die über tausend Jahre alte Stadt lag immer wieder am Schnittpunkt wichtiger geschichtlicher Ereignisse. Auf kleinstem Raum lässt es sich hier so durch die Jahrhunderte stromern.

In Torgau führen irgendwann alle Straßen zum Markt. Wer den Bahnhof verlässt, läuft durch eine kleine Grünanlage, dann weiter auf der Bahnhofstraße bis zum Friedrichplatz, hier links bis zur Wittenberger Straße und auf dieser rechts, bis sie in die Breite Straße mündet. Schon wandelt man auf dem **Torgauer Museumspfad**. Denn das Gebäude hinter dem Renaissanceportal in Nr. 9 gehört zu den Höhepunkten dieser Tour. Es schmückt das **Bürgermeister-Ringenhain-Haus** und lässt den Gast authentisch, wie sonst nirgendwo in Mitteleuropa, in der Lebenswelt einer Patrizierfamilie im 16. Jahrhundert versinken.

Die Breite Straße endet am Markt, direkt hinter dem kraftvollen Renaissance-Rathaus. Angesichts seiner Größe und Erhabenheit wird schnell nachvollziehbar, dass Torgau im 16. Jahrhundert als bevorzugte Residenz der Wettiner den Charakter einer kursächsischen Landeshauptstadt besaß. Um den Markt scharen sich prächtige Patrizierhäuser aus der Renaissance, jener Epoche also, da das Mittelalter Anlauf in Richtung Neuzeit nahm.

Wer einen Nerv für alte Puppen hat, laufe vom Marktbrunnen ein paar Schritte in die Fußgängerzone. Denn in der Bäckerstraße 2 existiert das älteste Spielwarengeschäft Deutschlands. Inhaber Jörg Loebner plaudert gern ein paar Minuten über seinen

Torgau-Informations-Center

Markt 1
04860 Torgau
www.tic-torgau.de

Bürgermeister-Ringenhain-Haus
Einzigartiges Patrizierwohnhaus aus dem 16. Jahrhundert, aufsehenerregende Innendekoration, wertvolle Decken- und Wandmalereien. Führungen nach Voranmeldung.

Breite Str. 9

Schloss Hartenfels
Schlossausstellung „Torgau – Ein Fürstenhof der Renaissance".

Hausmannsturm
53 m hoch, Plattform mit toller Aussicht.

Stadt- und Kulturgeschichtliches Museum
Historisch wertvolle Exponate in der früheren Kurfürstlichen Kanzlei. Führungen nach Voranmeldung.

Wintergrüne 5 (direkt am Schloss)

Urahn, den Drechslermeister Christoph Loebner. Dessen Geschäft erwähnt die Stadtchronik seit April 1685. Was er damals wohl für Kinder gedrechselt haben mag? Loebner, der ihm in nunmehr elfter Generation folgt, fand es heraus: Puppen mit einem Steinchen als Klapper, Kreisel, Kegel, Trommelstöcke, Pfeifen. Einiges davon hat er noch da. Der traditionsbewusste Händler gehört überdies zu den Torgauer Geharnischten. Das ist ein Verein, der sich alljährlich spätmittelalterlich kleidet, um etwa eine Stadtfehde von 1542 nachzustellen.

Die **Bäckerstraße** weiter hinunter führt zum Rosa-Luxemburg-Platz. Hier duckt sich ein schmales Renaissancegebäude zwischen größere Häuser jüngeren Datums. Erst Mitte 2010 eröffnete es als **Handwerkerhaus**. Im Grunde verkörpert es das Gegenstück zum Bürgermeister-Ringenhain-Haus. Denn es gilt als das älteste weitgehend noch originale Haus der einfacheren Torgauer Schichten. Im 17. Jahrhundert wohnten hier drei Böttchermeister und zwei Schornsteinfegermeister samt ihren Familien, Gesellen und Lehrbuben. Noch heute scheint das rätselhaft, wenn man die beengten Räume mit schiefen Wänden betritt. Zugleich prägen sich die überraschend originellen Wandmalereien ein.

Über die alte Ritterstraße gelangt man dann zum Schloss. Unterwegs lohnt unbedingt der Blick in die spätgotische **Hallenkirche St. Marien**. Die Anfänge des Gotteshauses reichen bis 1119 zurück. Hier predigte häufig Martin Luther und hier liegt auch seine Frau begraben – doch dazu später mehr. Sehenswert

Innenhof von Schloss Hartenfels mit Wendelstein

sind das Gemälde „Die vierzehn Nothelfer“ von Lucas Cranach d. Ä. (1505), der Passionsaltar (1509) und die reich verzierte Holzkanzel (1582). Erst 2002 wurde die Kirche neu ausgemalt. Seither strahlt sie wieder im Antlitz des 15. Jahrhunderts.

Schloss Hartenfels in seiner ganzen Opulenz erschließt sich am besten von jenseits der Elbe, dem sogenannten Brückenkopf. Malerisch erhebt sich das größte vollständig erhaltene Schloss der deutschen Frührenaissance über den Uferwiesen. Betritt man es über die martialische Schlossgrabenbrücke, wirkt es dagegen mittelalterlich. Unten im Graben raufen gerade zwei Braunbären in ihrem Freigehege und am Portal tut sich zwischen vergoldeten Löwen das kursächsische Wappen auf. Ab 1486 residierte auf Hartenfels der ebenso fromme wie couragierte Kurfürst Friedrich III. Zur Erinnerung: Das war jener, der Luther bei Nacht und Nebel auf die Wartburg entführen ließ, um ihn vor den Häschern Roms zu schützen. Der Innenhof atmet bis heute die Eleganz und Erhabenheit jener Zeit, da Friedrich das Schloss zur Hauptresidenz des ernestinischen Sachsens ausbauen ließ. Die Hofseite zählt zu den Hauptleistungen der deutschen Frührenaissance. Vornehme Fassaden und prachtvolle Erker prägen ihr Gesicht. Rätsel gibt den Experten indes bis heute der sandsteinerne **Wendelstein** auf. Ihn sollte man unbedingt mal erklimmen und bestaunen. Denn die spiralförmige Treppe, die 20 Meter aufwärts ragt, trägt sich selbst, ohne jeden Stützpfeiler in der Mitte.

Die 1544 geweihte Schlosskirche gilt als erster protestantischer Kirchenneubau der Welt. In die Gewölbe unter ihr führt eine einzigartige Exkursion. Denn hier, im **Lapidarium**, plaudern steinerne Zeugen über die (Vor-)Geschichte des Schlosses. Vertiefendes liefert die Dauerausstellung „Torgau – Ein Fürstenhof der Renaissance“ im Albrechtsbau. Dort erfährt man auch, dass auf Hartenfels „Daphne“ von Heinrich Schütz uraufgeführt wurde – die erste deutschsprachige Oper. Einen weiten Blick ins Land erlaubt überdies nach 163-stufigem Aufstieg der Hausmannsturm, einst Domizil eines Hofnarren. Der Blick schweift auch auf jene Stelle an der Elbe, wo sich am 25. April 1945 sowjetische und amerikanische Truppen trafen. Bis heute gedenkt ein jährlicher „Elbe Day“ des Schulterschlusses.

Braumuseum
Historisches Brau- und Malzhaus (15./16. Jahrhundert), große Braukelleranlage, mittelalterliche Felsenkeller. Führungen nach Voranmeldung.

Fischerstr. 11

Restaurant Herr Käthe
Altstadtlokal mit rustikalem Kellergewölbe, (alt-)deutsche Küche mit internationalem Touch, witzige Gerichte: Beschwipster Ochse, Verschärftes Gegrunze.

Katharinenstr. 4
www.herrkaethe-torgau.de
Tgl. ab 10 Uhr

Torgauer Schlosskapelle

Zur Innenstadt zurück wähle man die Schlossstraße und zweige dann rechts in die Katharinenstraße ab. So gelangt man zur Katharina-Luther-Stube. Diese huldigt der Gemahlin des Reformators aus gutem Grund. Denn Torgau war nicht nur die erste Station, die die damals 24-jährige Nonne nach ihrer Flucht aus dem Kloster erreichte. Es war zugleich ihre letzte Station. Denn als sie 1552 auf der Flucht vor der Pest von Wittenberg nach Torgau wollte, verunglückte ihre Kutsche. Sie brach sich das Becken und starb drei Wochen später, am 20. Dezember 1552.

Ganz anderer Couleur ist das **Braumuseum** in der Fischerstraße, südlich des Marktes. Das stattliche Renaissance-Bürgerhaus beherbergt seltene Brau- und Malztechnik und hält so die Torgauer Braukunst seit dem 15. Jahrhundert lebendig. Zu beeindrucken wissen auch die in den Fels getriebenen Keller. Die frühere Schankstube zieren schöne Malereien. Abrundend empfiehlt sich ein Spaziergang ins Grüne, etwa zum **Naturschutzgebiet Großer Teich**. Der liegt gleich südlich der Stadt. Man orientiere sich in Richtung Riesa (Dahlener Straße). Der See ist ca. 3 Kilometer vom Stadtzentrum entfernt.

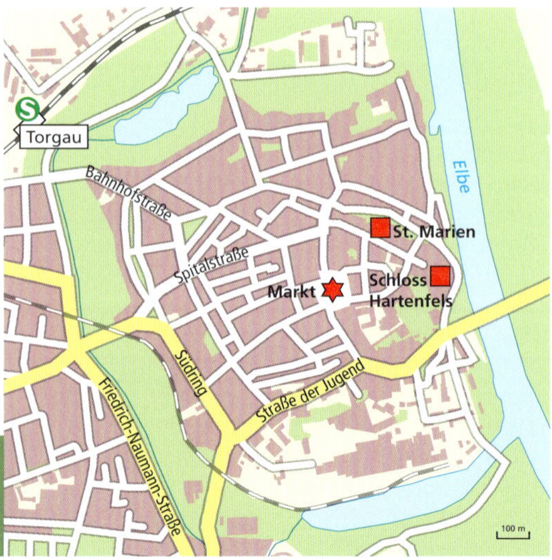

Start und Ziel: S-Bhf Torgau
S4 und RE 10 abwechselnd stdl. ab/nach Leipzig Hbf.

Bitterfeld, ahoi!

22

Goitzsche

Wer lange nicht in Bitterfeld war, staunt ohne Ende, wie schnell man in der angeblich einst dreckigsten Stadt Europas in eine traumhafte Seenlandschaft taucht. Nur wenige Minuten hinterm historischen Markt führt der Weg schnurstracks an die Wasserfront. Hier beginnt eine Rundtour – fast immer entlang des Ufers – zu Häfen, Stränden, Kulturzeugen und geschützter Natur.

Zunächst läuft oder radelt man rechts ein Stück die Bahnhofstraße hinunter und biegt links in die Walter-Rathenau-Straße ein. Es geht vorbei am Stadtpark und anschließend über den Markt mit der imposanten neugotischen Stadtkirche. Man hält aber Kurs, erreicht so die Badergasse, biegt rechts in den Plan und gleich wieder links in die Mühlstraße ein. Schon hat man den **Großen Goitzschesee** – kurz: Goitzsche – vor sich. Die Goitzsche ist ein Tagebaurestsee mit immensen Ausmaßen: 13,32 Quadratkilometer Fläche, 22 Kubikkilometer Volumen, bis zu 48 Meter tief und ein Uferumfang – inklusive Nachbarseen – von 66 Kilometern.

Nur Minuten, nachdem man den Zug verlassen hat, kommt Feeling à la Mecklenburg auf. Und das in Bitterfeld, bis 1990 Inbegriff für industrielle Umweltsünden. „Bitterfeld, Bitterfeld, wo der Dreck vom Himmel fällt", reimte des Volkes Stimme. 180 Tonnen Flugasche soll allein das Kohlekraftwerk täglich verstreut haben. Doch nun witzelt mancher schon von einem Bad Bitterfeld, wenn er die neue Wasserfront entlangradelt.

Nun hält man sich am See links. Orientierung bietet der Pegelturm in einiger Entfernung. Zuvor berührt die Seepromenade den Hafen. Den asphaltierten Weg säumen Liegewiesen und Strandcafés. Fischer verkaufen frischen Goitzsche-Fisch, Jachten schaukeln in einer Marina. Daneben legt gerade das Ausflugsboot „Vineta" an, um Passagiere für einen Törn durch das weitläufige Wasserrevier aufzunehmen. Denn im Grunde besteht die Goitzsche aus drei Seen, die jeweils aus einem Tagebau entstanden: der Niemegker See direkt voraus, der Bernsteinsee zur Linken und der Döberner See am entfernten Ufer gegenüber. Eine milliardenschwere Rekultivierung ließ die Bergbau- zu einer Seenlandschaft mutieren.

Symbolisch hierfür steht die **Villa am Bernsteinsee**. An ihr führt der Weg vis-à-vis der Mole Ost vorbei. 1896 hatte sich ein Papierfabrikant den ma-

Tourist-Information Goitzsche
im Wasserzentrum Bitterfeld. Touristische, geschichtliche und bergbautechnische Informationen rund um die Goitzsche im Internet: www.goitzsche.de

Berliner Str. 6a
06749 Bitterfeld-Wolfen
www.wasserzentrum-bitterfeld.de

Villa am Bernsteinsee
Nobelrestaurant in sanierter Fabrikantenvilla im Stil der Neorenaissance, direkt an See und Jachthafen gelegen. Terrasse, Biergarten, Kinderspielplatz, Moccabar. Edles und doch gemütliches Ambiente. Gehobene deutsche und internationale Küche.

Mühlenboulevard 4
06749 Bitterfeld
www.villa-am-bernsteinsee.com

Buchdorf-Erlebniswelt Heidemarie Dehne
Erstes Buchdorf in Deutschland, 15 teils spezialisierte Antiquariate auf kleinem Raum im gemütlichen Umfeld; Lesungen, Markt, Konzerte, Café.

Dorfplatz 21
06774 Muldestausee
(OT Mühlbeck)
www.buchdorf-info.de

jestätischen Neurenaissance-Bau errichten lassen. In der DDR diente er als Wohnhaus. Dann stand er leer, drohte zu verfallen, erlitt Vandalismus und zwei Brände. Erst als die Sparkasse Anhalt-Bitterfeld 1999 die Villa übernahm und kräftig investierte, kehrte nach und nach der alte Glanz zurück. Zusammen mit dem Yachthafen mauserte sie sich zu einer exklusiven Hotelanlage. Gleich nebenan erinnert indes auch ein kleiner **Technikpark** mit Bergbaurelikten und einer E-Lok der einstigen Grubenbahn an das Davor.

Einen Vorgeschmack auf die gesamte Rundtour ermöglicht der **Pegelturm**, der nach einer hochwasserbedingten Sperrung seit Ende 2014 wieder zugänglich ist. Eine 200 Meter lange schwimmende Seebrücke führt zu dem spiralförmigen Stahlbau, der ebenfalls schwimmend vertäut ist – und eine Wendeltreppe geleitet 26 Meter in die Höhe. Wem der erbauliche Ausblick von hier oben reicht, um sich ein Bild von der umbrechenden Landschaft zu machen, der bleibe hier. Er findet den ganzen Tag ausreichend Kurzweil zwischen Strand, Verkaufs- und Info-Boutiquen, Wassersportklubs, Kinderspielplätzen und einer Schiffsgaststätte.

Die Goitzsche war mal ein Braunkohletagebau bei Bitterfeld

Alle anderen radeln weiter, zunächst über die Flutungsanlage mit dem Raugerinne. Bald schon

erkennt man links des Weges die ersten Häuser von **Friedersdorf-Mühlbeck**, Deutschlands erstem **Buchdorf**. Es ist einen Abstecher wert, selbst auf die Gefahr hin, nun auch alle Leseratten zu verlieren. Aus den anfangs sieben Antiquariaten, die 1997 in den backsteinernen Häusern und Höfen eröffneten, wurden inzwischen 15. Gemeinsam bringen sie es auf gut eine halbe Million Bücher aller Couleur. Und sie haben allesamt täglich geöffnet! Weitere Buchhandlungen sollen noch hinzukommen, ergänzt um tangierende Berufe wie Buchbinder und Buchgestalter. Glas- und Holzkunst sind bereits vertreten.

Wer mehr auf moderne Kunst steht, biege kurz vor Pouch nach rechts auf die gleichnamige Halbinsel. Hier hält ein Landschaftskunstprojekt – es soll das größte weltweit sein – Spuren der bergbaulichen Vergangenheit lebendig. Künstler schufen ungewöhnliche Arbeiten, die etwa den wiederholten Häutungsprozess der Region symbolisieren. Das Herz der Halbinsel pulsiert im **Agora-Park**. Der lässt im Namen wie in der Gestaltung des zentralen Amphitheaters antike Vorbilder erkennen. Denn im alten Griechenland war die Agora ein beliebter Versammlungsort fürs Volk. Heute dominieren hier Sport und Spiel, Botanik und Erholung, Ruhe und Lautstärke – letztere etwa, wenn es mal etwas rockiger zur Sache geht.

Ja, und das Kontrastprogramm bildet die Feldsteinkirche in **Pouch** aus dem 13. Jahrhundert. Ihr Inneres schmückt ein spätgotischer Schnitzaltar. Die Gemälde darauf werden der Werkstatt von Lucas Cranach d. Ä. zugeschrieben. Direkt am Ufer von Pouch lässt sich weithin der ebenso markante wie lange morbide **Rote Turm** ausmachen. Er gehört zum Schloss und ist seit August 2018 wieder begehbar.

Nun ist man am Döberner See angelangt. Dörfer gibt es keine mehr. Sie wurden weggebaggert, wie Döbern, an das ein Gedenkstein am Weg erinnert. Überlebt hat aber die **Hufe Döbern**, ein sumpfiger Heideflecken, den man linker Hand passiert – und mit ihm eine Sage. Demnach flüchtete sich dereinst ein Mann vor dem Teufel hierher, da hier mal eine Kirche gestanden haben soll. Der Teufel, wütend, weil ihm die Seele entging, stampfte verärgert auf – und Kirche wie Mann versanken.

Pegelturm am großen Goitzschesee

Cross-Fitnessparcour in Pouch
Unmittelbar in Ufernähe, direkt am Radrundweg bei Pouch, entstand 2023 eine große wetterfeste Outdoor-Fitnessanlage mit diversen Sport- und Trainingsgeräten, die für jedermann offen zugänglich ist. Angrenzend breitet sich auch eine Skaterbahn aus. Perspektivisch wachsen daneben noch ein Bolzplatz, ein Kletterfelsen zum Bouldern. Grünflächen, Sitzmöglichkeiten und Wetterschutzhütten.

Roter Turm Pouch
Relikt einer Wehranlage aus dem 13. Jahrhundert. 100 Stufen führen auf eine 30 Meter hohe Aussichtsplattform.

Roter Turm in Pouch

Wenig später erreicht man an eine Gabelung. Rechter Hand kann man sich weiter in Seenähe in Richtung Döberner Forst halten, sodass man über den Uferweg zum Feldherrenhügel gelangt. Wer noch ein weiteres Gewässer mitnehmen will, radelt dagegen weiter geradeaus, also südwärts Richtung Löbnitz, passiert damit den Seelhauser See und biegt erst später rechts ab, nimmt nun via Sausedlitz Kurs Richtung Bitterfeld.

Am Westende des Seelhauser Sees zweigt dann rechts der Weg zum Feldherrenhügel ab – ein Abstecher, der sicher lohnt. Denn von hier schweift der Blick über ein sich selbst überlassenes Naturschutzgebiet. Anschließend geht es zurück zum Goitzsche-Rundwanderweg, der schließlich an einer Fußgängerbrücke scharf rechts abbiegt. Er passiert den Ausguck **Sonnentalblick** und einen Truppenübungsplatz und lenkt uns über eine weitere Brücke nach rechts zum alten Schwellenplatz. Für einige Kilometer Richtung Norden umfängt einen der noch junge **Goitzschewald**. Man folgt den Schildern, die zur Aussichtsplattform **Spitze** locken und damit erneut zum Wasser. Von hier geht es dann auf der Seepromenade westwärts nach Bitterfeld zurück.

Rad- oder Wandertour:
30 km

Start und Ziel:
S-Bhf Bitterfeld
S2 alle 30 Min., RE 13 alle 2 Stunden ab/nach Leipzig Hbf.

Tour ins Gartenreich

23

Dessau – Wörlitz

Rein politisch waren die Fürsten von Anhalt-Dessau unbedeutend. Was sie jedoch an landschaftsgestalterischen Akzenten setzten, ließ sie in Europas Hochadel aufrücken. Besonders Leopold III. Friedrich Franz (1740–1817), zu Lebzeiten als Vater Franz verehrt, gärtnerte sich nachhaltig ins Bewusstsein der Nachwelt. So widmet sich ihm heute eine ganze Gartenreich-Radroute.

Gotisches Haus im Wörlitzer Park

Sie zu bestreiten, heißt zeitig aufbrechen und gut frühstücken. Fast 40 Kilometer erwarten einen, wenn man am Dessauer Hauptbahnhof startet. Dort nimmt man nicht den Ausgang Richtung Innenstadt, sondern wählt den westlichen Ausgang Richtung Bauhaus. An der Kleiststraße hält man sich rechts, überquert die Puschkinallee und steht vor dem ersten der Kleinode des Gartenreiches, dem **Georgium**. Nach Wörlitz ist dieses Ensemble das zweitgrößte in dieser zum Weltkulturerbe erhobenen botanischen Region. Sein Schöpfer war indes der jüngere Bruder von Fürst Franz, Prinz Johann Georg – daher der Name. Der 20 Hektar große Georgengarten ist ganzjährig frei begehbar und lockt zu ausgedehntem Bummel zwischen klassizistischen Kleinarchitekturen und Skulpturen. Das Schloss wird bis 2019 umfänglich saniert.

Wieder zurück auf der anderen Seite der Puschkinallee erreicht man bald das nächste Dessauer Erbstück der Weltkultur: das **Bauhaus**, die berühmte Kunst-, Design- und Architekturschule. Das raumgreifende Ensemble aus Glas, Stahl und Beton, in das jeder Gegenstand ohne aufgesetzte Effekte integriert ist, entstand 1925/26 nach Entwürfen von Walter Gropius. Hier hat die Form der Funktion zu gehorchen. Ateliertrakt, Werkstätten und Bühne bilden bis heute eine einzig-

Bauhaus Dessau

Gropiusallee 38
www.bauhaus-dessau.de
Tgl. 10–18 Uhr

Bauhaus Museum Dessau

Mies-van-der-Rohe-Platz 1
06844 Dessau-Roßlau

Bauhaus-Museum Dessau

artige schöpferische Atmosphäre. Verstärkt wird dies durch die historischen **Meisterhäuser** von Feininger, Klee, Kandinsky und Gropius an der Ebertallee. Auch sie zählen zum Welterbe. Am 8. September 2019 eröffnet hier zudem ein spektakuläres **Bauhaus Museum.**

Weiter führt die Route über die Oechelhäuser Straße zur Kühnauer Straße, in die man rechts einbiegt. Nach 3,5 Kilometern liegt die Stadt fast hinter uns. An der Friedensallee weist ein Schild rechts zum **Landschaftsgarten Großkühnau.** Hier betätigte sich bereits Franzens Sohn Friedrich. Das Herz des zuweilen südländisch anmutenden Parks – mit bruchsteinernem Torbogen und Amphitheater – bildet das **Weinbergschlösschen,** nun Sitz einer Naturschutzstation. Es erhebt sich an seiner höchsten Stelle. Von hier schaut man auf den **Kühnauer See** mit der neuromanischen Kirche und das **Schloss Großkühnau.** Am Nordwestufer des Kühnauer Sees kann man auch baden oder rudern.

Kühnauer Landschaftspark und Weinbergschlösschen
Der Park ist ganzjährig zugängig, das Schloss nur nach Voranmeldung (es dient als Verwaltungssitz)

Ebenhanstr. 8
06846 Dessau-Roßlau
www.gartenreich.com

Im Park beginnt auch die Gartenreich-Route Fürst Franz. Ihr Symbol, ein roter Balken auf weißem Quadrat, begleitet einen fast den ganzen Tag. Vom Schloss führt sie zunächst lange ostwärts. Kurz vor **Ziebigk** passiert man rechts am Ochsenwall den **Rapunzelturm.** Er entstand 1942 für eine Pumpstation zum Entwässern der Elbwiesen. Bald darauf ist die

Elbe erreicht. Am **Leopoldhafen** vorbei, wo Sportboote schaukeln, führt der Weg ein Stück durch Wiesen. Auch hier garnieren immer wieder Statuen, Obelisken oder alte Burgrelikte die Strecke, so eine schlafende Schäferin namens Cleopatra. Also leise, bitte!

Am **Peisker,** Teil des früheren Wallwitzhafens, unterquert die Strecke die B 184. Sie schlängelt sich am Waldrand entlang und später durch Wiesen zur Mulde. Wer mag, kehre hier im Landhaus ein. Dann geht es über die witzig überdachte **Jagdbrücke** und von hier fast 4 Kilometer schnurgeradeaus bis zum Sieglitzer Berg am Hochufer der Elbe.

Kulturinteressierten sei indes schon einen Kilometer nach der Jagdbrücke ein Abstecher auf dem hier rechts abzweigenden Lutherweg empfohlen. Der **Park Luisium,** den man bald erreicht, lohnt das ohne Frage. Die stimmungsvoll-intime Anlage mitten im Wald, die Fürst Franz seiner Gemahlin Luise widmete, ist mit ihren Plastiken, Brunnen und Häuschen schon ein kleines Wörlitz. Das klassizistische Schloss von 1778 gefällt mit strengen Formen und einem reich ornamentierten Festsaal.

Die Hingucker des **Sieglitzer Berges** bilden mehrere Tore, so das feudale Walltor und der **Dianentempel.** Der Waldpark ist nur zu Fuß oder im Sattel zu erreichen. Von hier weicht einem die Elbe für rund 10 Kilometer fast bis Wörlitz nicht mehr von der Seite. Kurz vor der Unterführung der A 9 muss man indes nach rechts: Der Radweg wird einspurig, was man wegen des radelnden Gegenverkehrs auch respektieren sollte. Gleich nach der Autobahn oder aber einen Kilometer später in **Vockerode** kann man wieder zum schönen Uferweg zurück. Der direkte Weg durch Vockerode hat den Charme, dass man so die neugotische Kirche des Kraftwerksdorfes „mitnimmt". Nun erhebt sich auch die gewaltige backsteinerne Industriebrache, hier stand ehemals das Kraftwerk Vockerode.

Weitere 3 Kilometer später wartet Fürst Franz in

Schloss und Park Luisium
Klassizistischer Landsitz in kleinem idyllischem Park. Landhaus weitgehend original ausgestattet, feine Stuckdekorationen und Wandgemälde.

06844 Dessau-Roßlau (OT Waldersee)

Schloss Luisium

Wörlitzer Park
Ab 1765 entstand hier in 40 Jahren auf gut 112 ha der früheste noch erhaltene Landschaftsgarten auf dem europäischen Festland. Ein durchdachtes System von Sichtbeziehungen verbindet die fünf Gartenteile und leitet in die umgebende Landschaft über. Der Park ist ganzjährig zugänglich.

Wörlitzer Eisenbahn
Verkehrt in der Sommersaison täglich zwischen Dessau und Wörlitz.

Tel. (03 40) 21 33 66
www.dwe-web.info

seinem Meisterstück – dem **Wörlitzer Park**. Es war der erste Landschaftspark in Kontinentaleuropa, in dem englische Gartenbaukunst den Barock verbannte. Die ganze Anlage wirkt wie zufällig, doch ist sie bis ins Detail durchdacht. So beherbergt sie zahllose Monumente, Grotten, Denkmale, Statuen und Reliefs. Mehrere Seen und Kanäle durchziehen sie. Allein das Schloss ist ein klassizistisches Glanzstück. Fest- und Speisesaal, Kabinette und Schlafzimmer – alles strahlt Eleganz aus. Im Gotischen Haus sind wertvolle Glasgemälde des Barock zu sehen.

Das Weiterradeln fällt hier schwer. Doch es gibt noch mehr zu entdecken. Über die Neue Reihe und die Riesigker Straße geht es südostwärts aus Wörlitz heraus. Am Horstdorfer Weg zweigt die Route rechts auf Oranienbaum ab. In **Horstdorf** hält man sich auf der Hinterreihe links und biegt dann rechts zum Teich ab. Von hier geht es konsequent südwärts, bis rechts die Straße Burgstall beginnt. Über sie gelangt man nach der Forster Straße direkt nach **Oranienbaum**.

Den regelmäßigen Grundriss dieser ab 1683 planvoll angelegten Stadt bestimmen noch die geraden Achsen des Barock. Mit ihrem Schloss und dem kleinen Park diente sie als Sitz für Prinzessin Henriette Catharina von Nassau-Oranien.

Felseninsel Stein im Wörlitzer Gartenreich

Rechts um das Schloss führt die Gartenreich-Route westwärts wieder in den Wald. Man rollt nun auch auf dem Europaradweg R1. Die Schilder weisen zu einer **Biberfreianlage**. Hier lassen sich die wehrhaften Nager in authentischem Umfeld erleben, denn die Rückwand ihrer Burg ist durch Glas einsehbar. Die Anlage tangieren Lehrpfade des Informationszentrums **Biosphärenreservat Mittlere Elbe**. Das residiert im **Auenhaus**, 1,5 Kilometer südlich des Biberwaldes. Von hier geht es ein Stück die B 107 entlang und nach der A 9 nach Mildensee. Links in die Sollnitzer Straße, dann rechts in die Oranienbaumer Straße – so bestaunt man schon bald den **Turm der 8 Winde**. Auch diesen achteckigen Bau, später Napoleonturm genannt, gab Fürst Franz in Auftrag. Als Vorbild diente das antike Original in Athen.

In der Folge schlängelt sich die fürstliche Radroute ab **Pötnitz** südwestwärts. Man folgt bald den Radwegweisern Richtung Dessauer Zentrum. Vom Vorderen Tiergarten führt die Tiergartenbrücke über die Mulde in den **Lustgarten**. Nächste Orientierungspunkte sind das Schloss, das Rathauscenter, der Stadtpark und schließlich das Theater. Von hier ist es nicht mehr weit zum Hauptbahnhof.

Museum Schloss Oranienbaum
Ein kleines Stück Holland. Auf geometrischem Grundriss errichtetes Ensemble aus Stadt, Schloss und Park, weitgehend niederländisch geprägter Barock, eine der längsten Orangerien Europas am Südrand des Parks, bemerkenswerter anglo-chinoiser Gartenteil, 1793–97 unter Fürst Franz angelegt.

Schlossstr.
Mai–Sep. Di–So/Fei 10–17,
Apr.+Okt. Sa/So/ Fei 10–17 Uhr

Radtour:38 km
Start und Ziel:
Dessau Hbf. (nicht im MDV-Gebiet)
S2, RE 13 alle 2 Stunden ab/bis Leipzig Hbf.

Auf Luthers Spuren

24

Röblingen – Eisleben

Es war eine Laune des Schicksals, dass Martin Luther, der nie in Eisleben wohnte, dennoch hier geboren wurde und auch starb. Die Lutherstadt ist das heutige Ziel. Von Röblingen aus passiert man unterwegs einen der schönsten Seen Mitteldeutschlands.

Am Bahnhof von **Röblingen am See** hält man sich links, nimmt den schmalen Grasemannweg, der auf die Kesselstraße stößt, in die man links biegt. Man läuft bis zum Ortsende und biegt dann rechts in einen Feldweg ein. Dieser führt mit einigen Kurven um Röblingen herum. Wo der Weg endet, geht man links. Rechter Hand liegt jetzt der Teufelsee. An der nächsten Weggabelung hält man sich rechts und dann wieder links. Der zweite Abzweig links führt nach **Aseleben.** Die B 80 überquert man und hält sich halb rechts.

Bald eröffnet sich das erste Mal ein Blick über den **Süßen See** – das „blaue Auge des Mansfelder Landes". In Aseleben läuft man in den Ort hinein und hält sich hinter der Kirche, wo die Seestraße auf den Seeweg stößt, rechts nach **Seeburg.** Ab hier geleiten einen der Süße See und unsere Lust am Schauen, Sinnen oder Bummeln.

Längst hat man das **Seeburger Schloss** ausgemacht, das sich auf der anderen Seite majestätisch am Ufer erhebt. Die alte Fluchtburg, 743 erstmals erwähnt, ist unser nächstes Ziel. Schon Martin Luther verkehrte hier, predigte etwa in der wieder schön sanierten **Schlosskirche** 1525 gegen die aufsässigen Bauern. Seit 2007 gehört Schloss Seeburg auch zur Straße der Romanik.

Man läuft nun den Nordstrand entlang. Den Weg nach Eisleben tangieren Verkaufsstände, ein Bootsverleih und die Schiffsgaststätte „Seeperle". Hier stärkt man sich mit einer Vesper. Denn der See weicht einem für fünf weitere Kilometer nicht von der Seite. Am Campingplatz vorbei geht es dann nach **Wormsleben.** Hier bieten sich ausladende Bäume im kleinen Nusspark für eine Rast an. Wenn man sich danach **Unterrißdorf** nähert, wird es kurz frostig. Denn inmitten der reizvollen Landschaft am Fuße von Hängen, an denen einst Wein gedieh, gibt es eine „kalte Stelle". Und die führte womöglich zum Tode Luthers. Denn als dieser am 28. Januar 1546 – obwohl bereits kränklich – nach Eisleben reiste, um einen Streit der Mansfelder

Schiffsgaststätte Seeperle
Restaurant auf einem ausgemusterten Schiff, gehobenes Flair, gutbürgerliche deutsche Küche, Terrasse mit Freischank, kinderfreundlich.

Nordstrand 1
06317 Seeburg
Mo–Do 11–22, Fr/Sa 11–24, So 11–18.30 Uhr

Schloss Seeburg
Führungen im Schloss sind nicht möglich. Zum Schlossensemble gehören ein Restaurant in der ehemaligen Orangerie und ein Weingut. Die Tourist-Information Eisleben organisiert Weinverkostungen und -führungen im Weingut.

Schlossstraße 18
06317 Seeburg

Grafen zu schlichten, ereilte ihn eben hier ein kalter Wind. Und der wolle ihm „das Hirn zu Eis machen“, schrieb er seiner Frau.

In Unterrißdorf geht man über eine Brücke und wandert entlang des Flüssleins Böse Sieben. Das heißt so, weil seine sieben Quellbäche während der Schneeschmelze oft fruchtbaren Boden wegspülen. Nun kommt schon **Eisleben** in Sicht. Man läuft auf dem gut ausgeschilderten Lutherweg an Freibad und Theater vorbei – die Straße nennt sich Landwehr – bis zur Halleschen Straße. Von hier ist es nur ein Steinwurf zu den Kleinodien, die Eisleben ins Weltkulturerbe rückten. Denn obwohl Martin Luther hier nie lebte, wurde er in Eisleben nicht nur geboren, da sich seine Eltern gerade auf der Durchreise befanden. Er starb hier im Februar 1546 tatsächlich auch.

Auf einer kleinen Stadttour lassen sich die wichtigsten Lebensstationen des Reformators auf gut ausgeschilderten Wegen abschreiten. Sein **Geburtshaus** steht dort, wo die heutige Lutherstraße auf die Straße Plan trifft. Hier kam er am 10. November 1483 zur Welt. Eine Dauerausstellung „Von daher bin ich – Martin Luther und Eisleben“ zeigt in dem Haus nunmehr über 250 Exponate zu seinem Leben, auch zu seiner Taufe. Die erfolgte einen Tag

Marktplatz in Eisleben

nach seiner Geburt in der nahen **Petrikirche**. Man erreicht sie über die Seminarstraße. In der Blüte seiner Berühmtheit und Manneskraft ist Luther auf dem **Markt** zu bewundern. Schon seit 1883 thront er hier in Bronze. Zu seinem 400. Geburtstag war das Denkmal eingeweiht worden. In der einen Hand hält der Kirchenrebell eine Bibel, in der anderen die päpstliche Bannbulle. Die vier Seiten des Sockels sind mit Bronzereliefs versehen, die Szenen aus Luthers Leben zeigen – im Kreise seiner Familie, während der Bibelübersetzung 1521 auf der Wartburg, bei der Disputation mit Johann Eck 1519 in Leipzig und beim Sieg der Reformation.

Auch seine letzte Predigt hielt Luther in Eisleben. Die Kanzel in der **Andreaskirche**, die eindrucksvoll die Westseite des Marktes beherrscht, blieb im Original erhalten. Noch während der Messe brach der 62-Jährige wegen eines Schwächeanfalls zusammen. Man trug ihn in das gegenüberliegende Haus des befreundeten Stadtschreibers Albrecht. Es wurde sein Sterbehaus. Schon seit 1894 ist es ein Museum. Es widmet sich dem reformatorischen Anliegen Luthers, seinem Werk und seinem Wirken im Mansfelder Land.

Kirche St. Andreas
Hier predigte Luther das letzte Mal. Die Kanzel ist noch im Original zu sehen.

Andreaskirchplatz
06295 Lutherstadt Eisleben
Mai–Okt. Mo–Sa 10–16, So/Fei 11.30–16 Uhr,
Nov.–Apr. Mo–Sa 11–12, So 11.30–12.30 Uhr, Mai–Okt. Di 12–12.20 Uhr Orgelkonzert

Wanderung: 20 km
Start: Bahnhof Röblingen am See (nicht im MDV-Gebiet)
RE 8/RE 9 stdl. ab Halle Hbf.
Ziel: Bahnhof Eisleben (nicht im MDV-Gebiet)
RE 8/RE 9/RE 57 jeweils stdl., nach Halle Hbf.

Zur Dolmengöttin

25

Querfurt – Mücheln

Wenn Denkmalexperten bewundernd vom „Nürnberg Sachsen-Anhalts“ sprechen, meinen sie Querfurt. Nicht nur wegen der opulenten mittelalterlichen Burganlage, sondern auch wegen der restaurierten barocken Häuserzeilen. Allein der Markt mit seinen erneuerten Ackerbürgerhäusern ist eine Augenweide. Aber auch neuere Ergänzungen fügen sich gut in das historische Ensemble ein.

Also beginnt man seine Tour mit etwas Sightseeing und radelt vom **Querfurter Bahnhof** kurz nach rechts und dann gleich links durch die Johannes-Schlaf-Straße zum gut ausgeschilderten Altstadtkern. Kurz nach dem Kreisel auf der Straße Döcklitzer Tor führt rechts die Klosterstraße über die steinerne Spiegelbrücke und damit über das Flüsschen Querne und weiter via Matzplatz und Graben zügig zum **Historischen Rathaus.**

Pflicht ist natürlich der Besuch der über 1000 Jahre alten **Burg,** zu der man in wenigen Minuten vom Markt über die Nebraer Straße und dann nach rechts in die Rosengasse gelangt. Einst residierten hier die edelfreien Herren von Querfurt, deren Adelslinie 1496 ausstarb. Doch die Burg konnte mit ihren protzigen Türmen, Bastionen und Toren, der kreuzförmigen Kapelle und der imposanten Ringmauer bis heute als Kulisse für über 50 Filme dienen – unter anderem für „Der Medicus" und „Die Päpstin". Ein sehenswertes Museum im Korn- und Rüsthaus erhellt zudem die wechselvolle Geschichte der Burg.

Von Querfurt richtet man seinen Lenker ostwärts und vertraut nun den Schildern des **Dolmenradweges** (grünes Rechteck). Es geht fast immer über befestigte, teils auch asphaltierte Wege oder wenig befahrene Nebenstraßen. Die **Querfurter Platte,** über die man strampelt, ist ein welliges Plateau mit Höhen zwischen 120 und 244 Metern. Also besser einen Gang zurückschalten.

Nemsdorf-Göhrendorf passiert man, um nach 13 Kilometern das nächste Ziel zu erreichen: Langeneichstädt. Vor dem Ortsschild wartet bereits ein Tor zur Vergangenheit: Schon von Weitem erkennt man die Spitze der **Eichstädter Warte.** Der 15,6 Meter hohe Wachturm aus Kalk- und Sandstein entstand wohl im späten 15. Jahrhundert. Wer ihn entern will, muss eine Leiter mitführen. Denn der Einstieg wurde, wie seinerzeit üblich, erst in 8 Metern Höhe eingearbeitet. Noch deutlich älter ist ein jungsteinzeitliches Steinkammergrab neben dem Turm, das Bauern erst 1987 zufällig entdeckten. In der Grabkammer war ein Menhir verbaut, auf den eine Dolmengöttin und ein Axtmotiv geritzt sind. Glättespuren am Rand deuten darauf hin, dass der Stein relgiösen Bräuchen diente und oft berührt wurde. Die Forschung spricht inzwischen vom **Großsteingrab Langeneichstädt.**

Burg Querfurt
Eine der größten Burganlagen Deutschlands, über 1000 Jahre alt, Schauplatz vieler Filme. Schuke-Orgel in der Burgkapelle.

www.burg-querfurt.de

Historisches Burg Café
Tel. (01 52) 28 53 76 02
Di–Do nach Vereinbarung, Fr–So 12–16 Uhr

Burg Querfurt

Das Original der Platte lässt sich nun im Hallenser Landesmuseum für Vorgeschichte bewundern, doch eine Nachbildung steht auf der Anhöhe zwischen Steinzeitgrab und Warte. So erschließt sich auch der Name dieses Radweges: Dolmen nennt man Megalith-Bauwerke, die aus großen Steinblöcken errichtet wurden und zumeist als Grabstätte dienten.

Am Ortsrand von **Langeneichstädt** – wo es übrigens auf der Strecke Querfurt-Merseburg auch einen Bahnhof gibt – lohnt im Barnstädter Weg noch der Stopp an einer liebevoll restaurierten **Bockwindmühle.** Besichtigt werden kann sie aber in der Regel stets nur am Pfingstsonntag. Weiter geht es auf dem Dolmenradweg in das nur gut 4 Kilometer entfernte **Niederwünsch.** Hier lohnt etwa in der Merseburger Straße eine Rast an der **Kirche St. Nikolai.** Ihre Grundfesten reichen ins 14. Jahrhundert zurück. Vor allem entzückt sie aber mit einem fast 600 Jahre alten, lebensgroßen Kruzifix im Inneren sowie Bleiglasfenstern im Jugendstil. Wesentlich neueren Datums ist das **Strohballenhaus** in Niederwünsch. Erst 2008 wurde es fertiggestellt und dient nun den Gästen des Wünscher Landhofes als Feier- und Konzertstätte. Neben Hofbackofen, Melkstation, Saftpresse, Fitnesspfad und Bastelstudio hat dieser historisch genau sanierte Dreiseithof aber noch weit mehr zu bieten. Wer diese Tour mit Kindern macht, sollte sich also vorher über das aktuelle Angebot informieren.

Ganz nach Laune oder Kraftreserven kann man von Niederwünsch zum nahen **Geiseltalsee** rollen, um etwa ein Bad zu nehmen – oder man gönnt sich

Dolmengöttin und Eichstädter Warte
Der Wachturm und die Nachbildung des Steingrabes sind frei zugänglich.
Führungen unter:
Tel. (03 46 32) 4 01 68

noch ein Sahnehäubchen: nämlich den Umweg über **Bad Lauchstädt**. Auch dieser über 1 000 Jahre alte Ort ist prall an Geschichte. Um 1700 entdeckte ein Hallenser Medizinprofessor die Heilkraft hiesiger Brunnen, woraufhin Lauchstädt schnell zum Modebad aufstieg und keinen Geringeren als Johann Wolfgang von Goethe in seinen Bann zog. Der agierte hier als Direktor eines nach eigenen Entwürfen errichteten Theaterbaus, der 2018/19 restauriert wurde. Nun ist das Haus weithin als **Goethe-Theater** bekannt. Auch der große historische **Kurpark** mit charmanten Pavillons, Kursaal und dem Parkteich samt Schloss vis-à-vis atmet immer noch das Flair aus Zeiten, da hier der Geheimrat mit seinen Freunden parlierte.

Die Strecke von Niederwünsch nach Bad Lauchstädt führt entweder auf Nebenstraßen über Niederklobikau, Krakau und Burgstaden oder auf dem Dolmenradweg bis zum Geiseltalsee. Hier hält man sich an einem Weinberg links und rollt über aufgeforstetes Kippenland. Kurz nach dem **Aussichtsturm** „Klobikauer Höhe" zweigt links der **Goetheradweg** zum Goethestädtchen ab. Diese rund 8 Kilometer vom Geiseltalsee fährt man auch wieder zurück, um so nach weiteren 8 Kilometern zum Bahnhof **Mücheln** zu gelangen.

Historische Kuranlagen und Goethe-Theater Bad Lauchstädt
Besucherzentrum
Parkstr. 18
06246 Goethestadt Bad Lauchstädt
www.goethe-theater.com

Radtour: 50 km
Start: Station Querfurt
RB 78 alle 2 Std. ab Merseburg Hbf.
Ziel: Station Mücheln (Geiseltal)
RB 78 stdl. bis Merseburg Hbf., weiter mit RB 25 nach Halle Hbf.

Auf Himmelswegen

26

Arche Nebra

Diese Tour führt nach Nebra-Wangen, wo die älteste Sternenabbildung der Welt gefunden wurde: die über 3 600 Jahre alte Himmelsscheibe von Nebra. Im sehenswerten Besucherzentrum Arche Nebra erfährt man viel über Geschichte und Bedeutung der Himmelsscheibe. Ein Fußweg führt von dort zu ihrem Fundort.

Es war eine der größten archäologischen Sensationen der letzten Jahrzehnte, sodass dahinter selbst die handfeste Kriminalstory verblasst, die sich um den Fund der Himmelsscheibe von Nebra rankt. Denn entdeckt und ausgebuddelt hatten diese weltweit älteste recht präzise Sternenabbildung im Sommer 1999 zwei Grabräuber.

Über findige Detektive und ertappte Hehler gerieten Altertumsforscher schließlich an den exakten Fundort der 32 Zentimeter breiten Bronzescheibe in einer Steinkammer auf dem **Mittelberg** bei **Wangen**, einem Ortsteil von Nebra. Das internationale Aufsehen, das die Entdeckung nach wie vor erzeugt, belegt ihre Aufnahme Ende 2013 in das „Gedächtnis der Menschheit" der UNESCO. Gilt sie doch als Schlüsselfund sowohl für Archäologen als auch Astronomen und Religionshistoriker.

Das Original des Artefaktes mit den Darstellungen von Sonne, Mondsichel und 32 Sternen ruht zwar inzwischen sicher im Hallenser Museum für Vorgeschichte. Doch unweit des Fundortes ermöglicht ein multimediales Besucherzentrum das Abtauchen in jene Zeit um 1600 v. Chr., als die hier siedelnden Bauern offenbar schon recht klare Vorstellungen von den kosmischen Dimensionen am Himmel besaßen.

Schon die Form jener **Arche Nebra**, die sich am Ende eines leicht ansteigenden Asphaltwegs in wenigen Minuten vom Bahnhof Wangen erreichen lässt, ist ungewöhnlich: Das Gebäude scheint irgendwie zu schweben, als wollte es gleich abheben zum 3 Kilometer entfernten Fundort der Himmelsscheibe, auf den seine Spitze denn auch direkt zielt. Die Architektur des Besucherzentrums symbolisiert übrigens die goldene Sonnenbarke auf der Himmelsscheibe. Da die Fassade mit eloxiertem Aluminium verkleidet ist, spiegelt sie recht subtil das umgebende Licht. Im Inneren verbindet die Schau sehr unterhaltsam wissenschaftliche Information mit lebendiger Inszenierung.

Von der Arche Nebra geleiten Wegweiser zum 3 Kilometer entfernten **Mittelberg**, dem Fundort der Himmelsscheibe. Auf der 252 Meter hohen Erhebung steht ein weithin sichtbarer Aussichtsturm. Von seiner 30 Meter hoch gelegenen Plattform wandert der Blick bei guter Sicht bis zu Kyffhäuser und

Arche Nebra
Multimediaausstellung zur Himmelscheibe, nebenbei erfährt man viel über das Leben der Bauern um 1600 v. Chr. Im Café gibt es Himmelsscheibentorte, eine spezielle Kreation der Nebraer Konditorei Neumann.

An der Steinklöbe 16
06642 Wangen
www.himmelsscheibe-erleben.de
Apr.–Okt. tgl. 10–18 Uhr, Nov.–März Di–Fr 10–16, Sa/So/Fei 10–17 Uhr

Der schiefe Turm vom Mittelberg und die Landschaft rund um die Arche Nebra

Brocken. Während Wanderer die markante Landmarke über einen Waldweg erreichen, folgen Radler dem ausgeschilderten Himmelsscheibenradweg über die Forststraße.

Ist der Turm, der sich wie der Zeiger einer riesigen Sonnenuhr um 10 Grad neigt, schließlich erreicht, verblüfft er noch mit einer weiteren Eigenheit: Ihn teilt ein senkrechter Schnitt. Der Spalt, der sich damit ergibt, markiert die Sichtachse zu jener Stelle am Brocken, wo die Sonne zur Sommersonnenwende untergeht. Damit ließ sich die Himmelsscheibe hier offenbar einnorden und auch als Sonnenkalender nutzen. Betonbänder im Boden des Bergplateaus helfen dem Besucher, jene bronzezeitlichen Himmelsbeobachtungen nachzuvollziehen. Den exakten Fundort der Himmelsscheibe kennzeichnet schließlich das „Himmelsauge" – eine gekrümmte Edelstahlscheibe, die zugleich raffiniert die Wolken spiegelt.

Wie lange man hier oben verweilt, um sich in weitere archäologische Fundstellen inmitten eines Ringwalls zu vertiefen, hängt davon ab, wie viel Zeit man für die Rücktour veranschlagt.

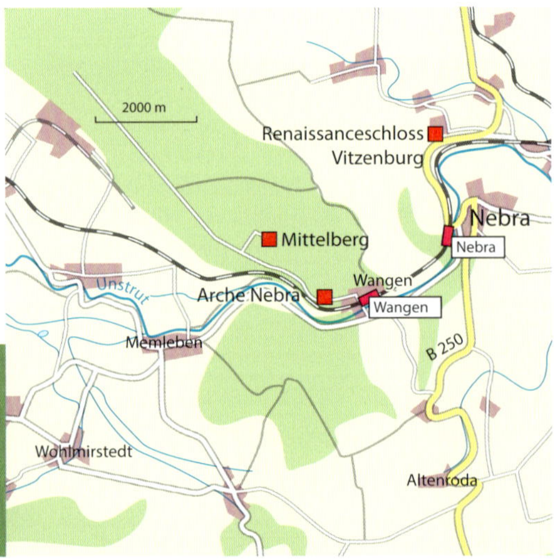

Besichtigung und Wanderung: 8 km

Start und Ziel:
Station Wangen
RB 77 alle 2 Stunden ab/bis Naumburg, dort RE 15 ab/bis Leipzig

Durch die Weinberge

27

Unstrut

Ein Paradiesweg für Weinkenner, bestärkt durch in Stein gemeißelte biblische Ereignisse. Um auf dieser lauschigen Tour ab Naumburg am Ende immer noch nüchtern in Freyburg anzukommen, muss man schon stark bleiben. Aber will man das überhaupt?

Der heutige Ausritt ist ein Klassiker. Am Wochenende pilgern oft derart viele Weinselige – teils auch im Sattel – durch die anmutige Unstrutlandschaft, dass es nicht einmal der guten Ausschilderung bedürfte, um sich nicht zu verlaufen. Oft kommen sie am Naumburger Hauptbahnhof an und nehmen zunächst auf der stadtabgewandten Seite der Gleise den Wanderweg nach Nordosten. Und so beginnt auch diese Tour. Der verläuft eine Weile parallel zur Bahnstrecke, zweigt dann an einer Gabelung links Richtung **Blütengrund** ab. Vor dem Campingplatz schwenkt man noch einmal links und erreicht bald die Saale. Diese ist wie immer gut gefüllt, denn sie hat sich soeben mit der Unstrut vereinigt. Hier legt auch die Fähre ab, mit der man auf die andere Seite des Flusses gelangt.

Ein asphaltierter Weg führt jetzt geradeaus Richtung **Großjena**. Zur Linken säumen ihn Streuobstwiesen, auf denen Bauern im Spätsommer das Winterfutter für ihre Kühe zu Ballen pressen, zur Rechten bäumen sich Muschelkalkwände auf. Nach knapp einem Kilometer das erste Highlight: Mitten im Weinberg ist ein **Steinernes Album** aufgeschlagen, ein 200 Meter langes Sandsteinrelief mit Szenen aus der Bibel. Jesus sitzt an der Stirnseite der Festtafel auf der Hochzeit zu Kana und verwandelt, als der Wein ausgeht, Wasser in neuen Rebensaft. Lot wird durch seine Töchter trunken gemacht. Noah betätigt sich als Winzer und Moses schlägt mit einem Stab an den Weinberg.

Anno 1722 hatte der Naumburger Kaufmann Johann Christian Steinauer, dem anno dazumal der Berg gehörte, die Tafeln kunstfertig in das Massiv hauen lassen. Das Werk, das Denkmalexperten als einzigartig in Deutschland bewerten, gehört zu den größten Felsreliefs Europas. Ab 1996 war es mit Hilfe der Deutschen Stiftung Umwelt aufwendig saniert worden. Und da die Steinbibel seither zunehmend mehr Besucher anlockt, stellte ein Freundeskreis nun auch erläuternde Bild-Text-Tafeln auf. Zum Harfe spielenden König David liest man etwa: „Kleine Knaben, Trauben in den Händen haltend, drehen sich im Ringeltanz um den Sänger, die Wirkung des Weines verkörpernd. Es soll angedeutet werden, dass Wein und Gesang zusammengehören." Nach so viel Theorie gönnt man sich nun auch

Fähre Blütengrund
Naumburg – Blütengrund, direkt am Zusammenfluss von Saale und Unstrut.
www.naumburg.de

Steinerne Bibel im Blütengrund

gerne ein Schlückchen Rebsaft. So nimmt man wenig später eine zur Rechten steil aufwärts führende Treppe. Sie endet an einem pittoresken Häuschen, das den **Max-Klinger-Weinberg** bekrönt. Von 1903 bis zu seinem Tode 1920 hatte der bekannte Leipziger Maler und Bildhauer hier gewirkt. Der Blick ins weite Land ist erbaulich, das Flair im hier entstandenen Weinbergcafé schon fast mediterran – und der Saale-Unstrut-Wein einfach vorzüglich. Klingers Plastik „Der Athlet" schmückt das Café und eine kleine Ausstellung im ehemaligen Radierhäuschen plaudert etwas über das Leben, Lieben und Arbeiten des Künstlers.

Weiter geht es gut zwei Kilometer längs der Unstrut bis Nißmitz. Man quert die Brücke an der B 176 und hält sich am Ortseingang rechts an die Schilder, die bergan zum **Hotel Rebschule** locken. Dies ist ohne Frage eine der ersten Adressen in der Region und eignet sich also gut für ein Mittagsmahl. Danach nimmt man den Weg um den weinrebenbestandenen Haineberg und landet so auf der **Neuenburg** im Weinstädtchen Freyburg. Sie entstand im frühen 12. Jahrhundert und war einst die größte Bastion der Thüringer Landgrafen. Noch etwas älter ist die um 1180 erbaute **Doppelkapelle** auf der Burg. Wegen ihrer außergewöhnlichen Bauzier gilt sie als besonderes architektonisches Kleinod.

Das große Burgterrain ist übrigens erkennbar zweigeteilt – in eine Kernburg mit dem Schloss und der Küchenmeisterei sowie in die ältere Vorburg, die von Galerieflügeln umrahmt wird. Hier reckt sich

Max-Klinger-Weinberg Weinbergcafé
Heimische Weine, selbst gebackener Kuchen, ein romantisches Kaminhaus und eine tolle Aussicht.

Max-Klinger-Str. 19
06618 Großjena
www.klinger-weinberg.de

Max-Klinger-Haus
Inmitten des Weinberges des Leipziger Grafiker, Maler und Bildhauers Max Klinger, heute betreut vom Museumsverein Naumburg

Blütengrund 3
06618 Naumburg-Großjena
www.mv-naumburg.de

Hotel Rebschule
Reizvolle Lage, Terrasse mit Traumaussicht, nettes Personal. Frische Regionalprodukte und Weine aus eigenem Anbau.

Ehrauberge 33
06632 Freyburg
www.weinberghotels.eu

auch ein markanter Bergfried gut 23 Meter himmelwärts, den Volkes Mund seit Kaisers Zeiten den „Dicken Wilhelm" nennt. Er diente einst als Wohn- und Wehrturm, worauf ein „gehobener Komfort" verweist, so ein Kamin und Abortanlagen. Zuweilen zeigt hier das opulente **Museum auf der Neuenburg** Sonderausstellungen.

Nun wandelt man weiter durch die engen Gassen von **Freyburg**, vorbei an Weinstuben, Souvenirläden und alten Kellereien. Das Städtchen ist das Zentrum des Weinanbaugebietes Saale-Unstrut. Aus Freyburg stammt der bekannte **Rotkäppchen-Sekt**. Im 12. Jahrhundert gegründet, besitzt die Stadt bis heute einen fast geschlossenen Stadtmauerring. Weitere Sehenswürdigkeiten sind die **Stadtkirche St. Marien** und der **Herzogliche Weinberg**.

Wer mag, kehre noch einmal ein, andernfalls läuft man hinunter zur Unstrut und wandert nach rechts über die Schweigenbergstraße Richtung **Zscheiplitz**. Kehrpunkt ist die **Zeddenbachmühle**, an der man den Fluss quert und am anderen Ufer zurück nach Freyburg läuft.

In Freyburg hatte man viele Jahre mehrere Alternativen, um wieder nach Naumburg zu gelangen. Die reizvollsten nannten sich „Fröhliche Dörte", „Unstrutnixe" und „Reblaus". Sprich: Fahrgastschiffe, die über Unstrut und Saale tuckerten. Sie fuhren zurück zum Blütengrund. Doch die Stadt Naumburg legte sie aus technischen Gründen 2017 still. So nehme, wer nicht zurückwandern will, den Zug, der stündlich zwischen Freyburg und Naumburg verkehrt.

Schloss Neuenburg
Schloss 1
06632 Freyburg (Unstrut)
www.schloss-neuenburg.de

Museum in der Kernburg
Apr.–Okt. tgl. 10–18, Nov.–März Di–So 10–17 Uhr

Rad- oder Wandertour:
12 km hin & zurück

Start: Naumburg Hbf.
RB 20 stdl., RE 15 alle 2 Std. ab Leipzig Hbf.

Ziel: Station Freyburg (Unstrut) RB 77 stdl. bis Naumburg, weiter mit RB 20 nach Leipzig Hbf.

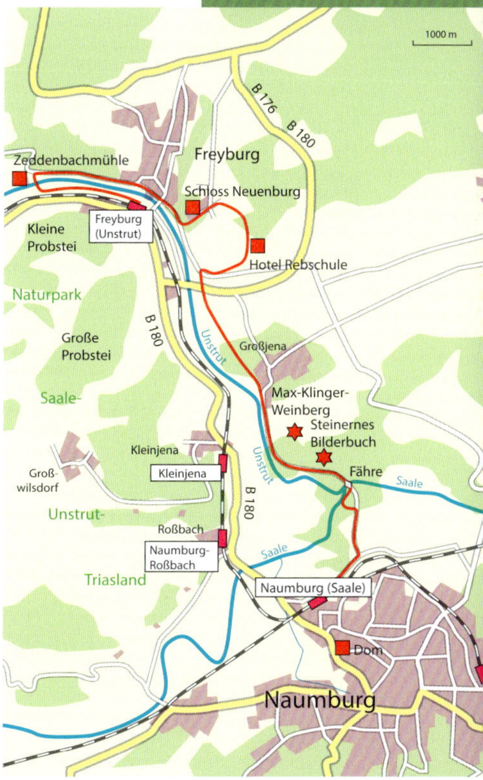

Bei Uta und Ekkehard

28

Naumburg

Naumburg lohnt nicht nur als Startpunkt zu Ausflügen durch die mitteldeutsche Burgen- und Weinregion. Mit seiner liebevoll restaurierten Innenstadt, vielen prächtigen Bürgerhäusern und weiteren kulturhistorischen Stätten bildet es selbst ein Gesamtkunstwerk, das seit 2018 auch zum Welterbe der UNESCO gehört.

Von der Romanik über die Renaissance bis zur Moderne eines Neo Rauch – Naumburg ist eine Perle verschiedener Architekturstile, die sich in der Saalestadt gut miteinander arrangieren. Dabei überstrahlt der **Dom St. Peter und Paul** alles. Er gehört zum Besten, was Europas Mittelalter hervorbrachte. Man erreicht ihn vom Bahnhof aus über die Bahnhofstraße, die Bergstraße und die Georgenstraße.

Dort geben sich Ihre Exzellenzen **Uta und Ekkehard** die Ehre. Das Markgrafenpaar aus dem 11. Jahrhundert spielte zu Lebzeiten eher eine regionale Rolle. Doch in Sandstein gehauen, sind beide nun weltberühmt. Sie zählen zu den Höhepunkten der figürlichen Bildhauerkunst in Europas Mittelalter.

Ihrem Schöpfer wurde auch die **Landesausstellung Sachsen-Anhalts 2011** gewidmet. Das war ein begnadeter Baumeister, nur kennt man bis heute seinen Namen nicht. Identifizieren lässt er sich nur wegen seiner markanten steinbildhauerischen Handschrift. So weiß man, dass er im 13. Jahrhundert an der Spitze eines Trupps von Bildhauern und Steinmetzen durch Frankreich und Deutschland zog. Er wirkte in Amiens, Reims, Metz, Mainz, Merseburg, Meißen – und in Naumburg. Hier schuf er sein bekanntestes Werk: neben Uta und Ekkehard noch zehn weitere Stifterfiguren, ein **Passionsrelief** und die **Kreuzigungsgruppe** des Doms. So nennt ihn die Kunstwelt den **Naumburger Meister.**

Bereits ab 1028 erbaut, wurde der Dom im 13. Jahrhundert zu einer Doppelchoranlage weitergeführt. Sie widerspiegelt den Übergang von spätromanischer zu frühgotischer Architektur. Der in nur sechs Jahren errichtete westliche Chor bildet dabei ein Glanzstück des Naumburger Meisters: Die Verbindung von Architektur, Bildhauerei und Glasmalerei zeigt einzigartig die tiefgehenden Veränderungen der religiösen Praktiken wie der visuellen Kunst im Hochmittelalter.

Unmittelbar hinter der Kathedrale entstand in

Restaurant Zur Alten Schmiede

Ursprüngliches paart sich mit Annehmlichkeiten moderner Gastronomie. Neben einem Schmiedefeuer und verschiedenen Schmiedewerkzeugen befindet sich im Gastraum auch ein funktionstüchtiger Lufthammer von 1914. Gute deutsche und internationale Küche.

Lindenring 36
06618 Naumburg
www.hotel-zur-alten-schmiede.de

Dom zu Naumburg und Domschatzgewölbe

Domplatz 19
06618 Naumburg
www.vereinigtedomstifter.de

den letzten Jahren ein spektakulärer Garten des Meisters. In ihm werden in natura und mittels symbolischer Säulen heimische Pflanzen präsentiert, die der Maestro im 13. Jahrhundert in die Säulen im Dominneren einarbeiten ließ. Auch der Westchor mit seinen mittelalterlichen Glasfenstern, der Ostlettner, die Gruft sowie der Domschatz machen das Gotteshaus zu einem Glanzstück von Romanik und Gotik.

Zum 800. Geburtstag der Heiligen Elisabeth von Thüringen wurde im Nordwestturm eine **Elisabethkapelle** geweiht. Sie enthält neben einem Altar auch eine 1235 entstandene Elisabethstatue – sowie drei Glasfenster, die der weltweit bekannteste Vertreter der Neuen Leipziger Malerschule, **Neo Rauch**, gestaltete. Sie zeigen idealisierte Szenen aus dem Leben der Landgräfin, die bis heute als Sinnbild tätiger Nächstenliebe gilt. Die Kapelle dient als Raum der Stille.

Ab dem Domportal geht es über den engen Steinweg stadteinwärts. Wenn man den breiten Lindenring gequert hat, gelangt man so in die Herrenstraße. Hier reihen sich linker Hand gleich drei wunderschöne alte Häuser aneinander. Zunächst grüßt mit einem luxuriösen Sitznischenportal die **Lorbeerbaum-Apotheke**. Sie residiert in einem der ältesten Naumbur-

Altstadt von Naumburg

ger Handelshäuser aus dem 16. Jahrhundert. Feudal wirkt auch der Erker, der über zwei Etagen reicht. Kurz danach folgt ein Bürgerhaus im Renaissancestil. Sein wichtigstes Attribut bildet ein halbrunder Erker, der sich über einer Löwenkonsole erhebt. Unmittelbar dort, wo die Herrenstraße in den Markt mündet, prahlt schließlich noch das Haus „Hohe Lilie" mit einem 1526 errichteten Treppengiebel. Da sich hierin das Stadtmuseum einquartierte, darf auch das exquisite Innenleben bestaunt werden.

Naumburgs **Marktplatz** entstand sehr planmäßig. Wo sich bedeutende Handelsstraßen kreuzten, darunter die berühmte Königsstraße Via Regia, siedelten sich gezielt Kaufleute und Handwerker an. Der Stil ihrer Häuser – geprägt vom stilistischen Geschmack der Renaissance und des Barock – bezeugt ihren einstigen Reichtum. Rund um den Marktbrunnen von 1498 herrscht noch heute jeden Samstag Handelstreiben. Im Rathaus freut man sich sicher über die Taler, die so in das Stadtsäckel wandern. Es bildet mit seinen prachtvollen Dachgauben eine stimmige Kulisse für das Gefeilsche. Ganz entspannt verfolgt man dies am besten bei einem Kaffee oder Radler von einem der Freisitze aus, die das Café Kanzlei und das Hotel Stadt Aachen vor dem **Kayserschen Haus** (Markt 10) eingerichtet haben. Dies ist wohl das schönste Gebäude am Markt. Sein protziges Portal mit der geschnitzten Eichentür, das um 1680 geschreinert wurde und Motive aus der „Neuen Welt" zeigt, verzaubert. Die Maßwerkgiebel am Dach entstanden im frühen 16. Jahrhundert. Weder Gotik noch Renaissance scheinen passende Begriffe dafür zu sein. Eine spannende Mixtur aus Mittelalter und früher Neuzeit.

Weitere prächtige Häuser bietet ein Rundgang auf dem Markt. Um alles von oben zu genießen, besteigt man den 46 Meter hohen Turm von **St. Wenzel**. Vorher lohnt aber ein Blick ins Kirchenschiff. Hier hängen bedeutende Gemälde aus der Werkstatt Lucas Cranachs. Auch die Hildebrandt-Orgel ist geschichtsträchtig: Schon Gottfried Silbermann und Johann Sebastian Bach checkten hier die Pfeifen und Register.

Naumburg hat übrigens noch einen weiteren prominenten Sohn: Friedrich Nietzsche. Der berühmt-berüchtigte Philosoph und Schöpfer Zara-

Der Naumburger Dom St. Peter und Paul gehört zum Weltkulturerbe der UNESCO

Stadtkirche St. Wenzel
Kirchturm St. Wenzel mit Aussichtsplattform und ehem. Türmerwohnung.

Der 72 Meter hohe Wenzelsturm in Naumburg

thustras lebte hier in der Obhut seiner Mutter. Inzwischen gibt es sogar ein Nietzsche-Zentrum in Naumburg. Das moderne Gebäude neben dem Nietzsche-Haus (Weingarten 18) kann man auch vom Wenzelkirchturm aus sehen. Ebenso erahnt man von dort die einstigen Ausmaße der Altstadt. Bis heute wird diese zur Hälfte von einer Stadtmauer umfriedet. So auch am einstigen Salztor, wo das kleine, feine Naumburger Theater spielt. Von ehemals fünf historischen Portalen überlebte indes nur das **Marientor** alle Zeitläufte. Sein Kernbau aus dem 14. Jahrhundert, dessen Wehrgang und Turm bis heute frei zugänglich sind, beeindruckt noch immer. Bis 1990 war es sogar bewohnt – beneidenswert! Mittlerweile ist es eine schaurig-schön Kulisse für Open-Air-Veranstaltungen. Die barocke St. Marien-Magdalenen-Kirche gleich nebenan lockt hingegen mit ihrer Ladegast-Orgel regelmäßig zu Konzerten anderer Couleur.

Vom Marientor lässt es sich bequem über Postring und Poststraße durch den kleinen Stadtpark bis zum Bahnhof schlendern. Andernfalls tut es auch die historische Straßenbahn.

Stadtspaziergang

Start und Ziel: Naumburg Hbf.
RB 20 stdl.,
RE 15 alle 2 Std. ab/nach
Leipzig Hbf.

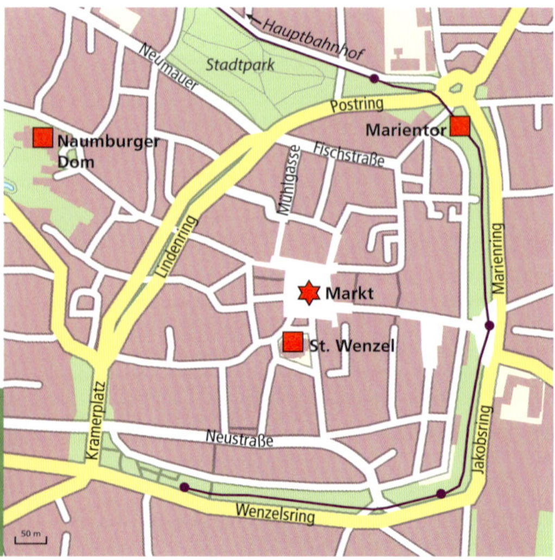

Rudelsburg über der Saale

Wasserkunst und Bergfriede

29

Saaleburgen

Liebliche Kontraste prägen den vielleicht schönsten Abschnitt der Saale zwischen Bad Kösen und Großheringen. Hier Kuridylle und pfiffig genutzte Wasserkraft, dort die Ruinen von Rudelsburg und Burg Saaleck, die fantastische Aussichten ermöglichen.

Kaum in **Bad Kösen** aus dem Zug gestiegen, hält man kurz inne. Schon der gepflegte **Kurpark**, der sich vis-à-vis dem Bahnhof befindet, vermittelt einen ersten Eindruck, weshalb das Städtchen bereits seit dem 19. Jahrhundert ein beliebter Ausflugsort ist. Umgeben von mildem Klima, das auch den vorzüglichen Saale-Unstrut-Wein reifen lässt, schmiegt es sich an einen der romantischsten und abwechslungsreichsten Abschnitte des Saaletales.

Im Park hält man sich links und folgt den Schildern zum **Tierpark**. Da eine eher beschauliche Tour bevorsteht, kann man sich einen Abstecher in die überraschend weit gereiste Fauna des kleinen Zoos gönnen: Bären, Alpakas, Papageien und Affen, aber auch frei laufende Pfauen leben hier.

Dann wandert man weiter zur **Saalefähre**. Schon vom Wasser aus sieht man in der Ferne hoch oben die Anlagen des **Gradierwerkes**. Dort lässt sich besser als sonst irgendwo in Europa studieren, wie die Sole aus der Erde gepumpt wird, die dann am Reisig herabrieselt. So hält man sich am gegenüberliegenden Ufer erst links, spaziert die enge Loreleypromenade entlang, bis man schließlich vom Rauschen eines breiten Saalewehrs empfangen wird. Bei einem Kaffee im idyllisch gelegenen Freisitz des Restaurants „Am Wehrdamm“ kann man einen genaueren Blick auf die Stauanlage werfen. Zur Freude der Touristen schieben sich die hölzernen Stangen heute wieder auf insgesamt 180 Metern ächzend und knarrend gegeneinander, nachdem 1945 Strom die Wasserkraft abgelöst hatte. Ein Großteil dieser alten Anlage erschließt sich sehr schnell von einem schmalen Pfad aus, der gleich hinter dem Restaurant rechts zum **Pumpenhaus** hochführt. In diesem Fachwerkhäuschen, das erst kürzlich sehenswert restauriert wurde, wird einem dann der Rest erläutert.

Auf dem Rückweg zur Loreleypromenade steigt man noch kurz eine Treppe zwischen engen Feldsteinmauern hinauf. Sie endet am **Romanischen Haus**, vor dem sich auch ein kleiner Garten mit Kräuterspinne auftut. Dieses Natursteingebäude mit seinen Rundbogenfenstern aus dem 12. Jahrhundert zählt zu den ältesten Profanbauwerken ganz Mitteldeutschlands. Die Kösener nutzen das Romanische Haus heute als Heimatmuseum. Es entführt beispielsweise in die Welt der **Käthe Kruse**, die in

Fähre Bad Kösen
Handbetriebene Querseilfähre.

Tel. (03 44 63) 2 89 85
Apr.–Okt. Di–So 10, 11.30, 13.30, 15 Uhr,

Tierpark Bad Kösen

Parkstr. 5 (im Kurpark)
Tel. (03 44 63) 2 73 54
www.tierpark-badkoesen.de

Gradierwerk in Bad Dürrenberg

dem Städtchen von 1912 bis 1950 ihre bekannten, kindhaft gestalteten Puppen fertigte, sowie die des Berliner Landschaftsmalers **Wilhelm Bröker**. Der lebte und malte von 1907 bis zu seinem Tode 1933 in Kösen. Doch auch andere Maler suchten und fanden ihre Motive im Weinstädtchen, etwa Adolph Menzel, Max Liebermann und Edvard Munch.

Nun rücken endlich die Burgen in den Vordergrund. Zunächst läuft man den Uferweg zurück zur Fähre, dann in einen Auwald hinein. Vor einem Campingplatz geht es nach links auf den Weg, der mit einem roten Dreieck markiert ist. Er weist zur Rudelsburg. Bald gabelt sich die Route und man hält sich halbrechts. Es wird nun etwas steiler, doch der Blick auf das Saaletal, entschädigt das. Die beiden Burgen lassen sich bereits ausmachen. Man bleibt auch an der nächsten Gabelung rechts, nimmt also nicht die Straße nach Kreipitzsch. Das restliche Stück zur **Rudelsburg** lässt sich zügig nehmen, zumal nun eine rustikale Einkehr lockt. Direkt auf dem Innenhof der Burgruine, zwischen Bergfried und Palas, lässt man sich zum Mittagessen nieder.

Burgrestaurant Rudelsburg
Im mittelalterlichen Hof der Burgruine. Gutes Angebot bei Fisch- und Fleischgerichten mit Thüringer Note und zuweilen schon mediterranem Einschlag.

Am Burgberg 33
06628 Naumburg
Tel. (03 44 63) 2 73 25
www.rudelsburg.com
Tgl. 10–17 Uhr, Wintermonate Mi–So ab 10 Uhr

Um nicht mit vollem Magen sofort den nächsten Anstieg nehmen zu müssen, umrundet man anschließend noch etwas die Burg. Rund 85 Meter über der Saale gelegen, bietet sich vom Muschelkalkfelsen aus eine berauschende Fernsicht auf das **Saaletal**. Bereits ab 1170 war sie bewohnt. Doch der Dreißigjährige Krieg hinterließ sie nur als Ruine.

Schließlich zieht man weiter zur Ruine der Nachbarsburg. Charakteristisch für diese um 1140 erstmals erwähnte Burg sind die beiden runden Bergfriede. Im Westturm fanden Archäologen noch eine mittelalterliche Abortanlage sowie einen Kamin. Unter der Zugangsbrücke hindurch, biegt man rechts zur Straße ab und entert bald darauf dem Bergsporn, auf dem die Überreste der **Burg Saaleck** thronen. Erneut eröffnet sich ein grandioses Panorama, das von Bad Kösen bis in die Weinberge des thüringischen Bad Sulzas reicht. Automatisch beginnt man zu trällern: „An der Saale hellem Strande stehen Burgen stolz und kühn…“ Denn hier oben hatten sich um 1825 der Dichter Franz Kugler und der Komponist Friedrich Ernst Fesca zu jenem Lied inspirieren lassen.

Den Rückweg nimmt man über mehrere Serpentinen hinunter zur Saale. Auf der Dorfstraße des Ortes **Saaleck** geht man nach rechts in Richtung **Stendorf**. So erreicht man die Sulzaer Straße, die nach links über die Saale führt. Gleich nach der Brücke biegt man rechts auf eine Allee Richtung Stendorf. Dort hat man die Wahl: Steigt man rechts zur beliebten Ausflugsgaststätte **Himmelreich** hinauf, sieht man noch einmal beide Burgen in der Nachmittagssonne glänzen. Oder aber man läuft auf direktem Weg unterhalb des Prallhanges der Saale durch Felder und Wäldchen nach **Großheringen**, dem Endpunkt. So oder so ist der Bahnhof gut sichtbar ausgeschildert.

Berggaststätte Himmelreich
Thüringer Küche in 210 m Höhe mit herrlichem Blick über das Saaletal.

Bergstr. 6
06628 Naumburg
(OT Bad Kösen)
Tel. (03 44 63) 2 73 91
www.himmelreich-bad-koesen.de
Tgl. 11–18 Uhr (nach Absprache auch länger)

Wanderung:
10 km

Start: Bahnhof Bad Kösen
RB 20 stdl. ab Leipzig Hbf.

Ziel: Bahnhof Großheringen
(nicht im MDV-Gebiet)
RB 20 stdl. nach Leipzig Hbf.

Burg Schönburg

Sandstein und Sole

30

Saale-Radweg

Der Saale-Radweg zwischen Naumburg und Bad Dürrenberg verläuft durch herrliche Auenwälder, Überschwemmungsgebiete und Wiesen. Vorbei an etlichen Kleinstädten lässt sich sogar ein barockes Schloss bestaunen.

Natürlich könnte man in **Naumburg** (► Seite 142) sofort zum Saale-Radweg abbiegen, zumal der Hauptbahnhof recht verkehrsgünstig an dieser Route liegt. Aber wenigstens einen kleinen Schlenker sollte man durch die fast tausendjährige Stadt machen. Dazu fährt man auf der Bahnhofstraße nach links, bis sie auf die Bergstraße stößt. Hier biegt man links ab und wenig später rechts in die Georgenstraße und gelangt bald zum stolzen **Dom St. Peter und Paul** aus dem frühen 13. Jahrhundert.

Weiter geht es durch die **Altstadt**: Man quert den Markt und erreicht über die Jakobstraße (Fußgängerzone, Rad bitte schieben) den Marienring. In diesen links eingebogen, fährt man am Verkehrskreisel halb rechts in die Hallesche Straße. Nach dem Bahnübergang biegt man bald rechts in den Halleschen Anger ab und erreicht so Saaleufer und **Saale-Radweg.** Hinter **Grochlitz** passiert der rechts-saalige Weg hohe Sandsteinwände. Fünf Kilometer hinter Naumburg erreicht man **Schellsitz,** was links des Flusses liegt. Kurz vor der Seilfähre schmiegt sich das Strandlokal **Alter Felsenkeller** an die Felsen und lädt zu einer Rast ein.

Frisch gestärkt geht es weiter gen **Schönburg.** Die Reste der alten Feste, die auf einem Fels 40 Meter über der Saale thronen, sieht man schon von Weitem. Nach zwei Kilometern ist die Ruine erreicht. Am Zeltplatz schließt man die Räder an und steigt hinauf zu diesem Musterbeispiel spätromanischer Befestigungskunst. Der 32 Meter hohe Bergfried mit seinen 3,60 Meter starken Mauern beeindruckt schon äußerlich. Doch der schöne Kamin im Turmgemach und die Wachstube an der Spitze toppen das noch. Das Renaissancegebäude am Tor zur Vorburg, in dem heute die Burgschänke residiert, war übrigens ab 1539/40 eine Försterei. Wer etwas Zeit erübrigen kann, sollte auch durch den Ort mit seinen engen, bergigen Gassen rund um die Kirche schlendern. Schönburg wurde schon als eines der schönsten Dörfer Sachsen-Anhalts geehrt.

Alter Felsenkeller
Direkt an der Saale in Naumburg-Schellsitz unter einem Felsen, in dem sich eine eigene Pilzzucht befindet, die auch besichtigt werden kann. Biergarten, gutbürgerliche Küche.

Alter Felsenkeller Nr. 1
(Erbsenweg)
06618 Naumburg
Tel. (0 34 45) 26 12 54
www.alterfelsenkeller.de
Tgl. ab 11 Uhr

Kurpark Bad Dürrenberg
Europas längstes Gradierwerk wird begleitet von einem liebevoll restaurierten grünen Ensemble aus Trinkhalle, Café, Palmen- und Vogelhaus. Achtung: Bis zum 24.04.2024 geschlossen!

www.gartentraeume-sachsen-anhalt.de

Weiter nordwärts rückt **Weißenfels** näher. Mitten im Ort erstreckt sich eine Flusslandschaft, bewachsen mit herrlichen Kastanien und Trauerweiden. Die anno 1185 angelegte Stadt wartet mit reicher Kulturhistorie auf. Vor allem das gewaltige **Barockschloss Neu-Augustusburg,** auf einem weißen Fels erbaut, reizt. Daher verlässt man den Radweg, folgt der Großen Deichstraße und biegt vom Kreisel rechts in die Saalestraße ein. Dann geht es links in die Klosterstraße. Nr. 24 präsentiert in einem schön restaurierten Barockhaus samt Gartenpavillon Werk und Leben des Freiherren von Hardenburg (Georg Philipp Friedrich von Hardenberg), besser bekannt als **Novalis.** Er gilt als der bedeutendste Dichter der deutschen Frühromantik. 1801 war er hier verstorben.

Da es nun steiler wird, lässt man die Räder stehen und steigt über die Große Burgstraße zum Schloss auf. Die Größen des Barock liefen hier bereits entlang: Heinrich Schütz, Sebastian Bach, Johann Beer, Georg Philipp Telemann. Auch Georg Friedrich Händels Talent wurde hier als Bub entdeckt. Während im **Schlossmuseum** an die prominente Geschichte und Weißenfels' Tradition der Schuhfertigung erinnert, ist die original erhaltene **Schlosskirche** ein wahres Kleinod. Sie zählt zu den

schönsten frühbarocken Anlagen Mitteleuropas.

Von der Schlossterrasse bietet sich der Blick über die Stadt und weit in das Saaleland hinein. Die Landschaft wird hier wieder flacher. Wieder im Sattel rollt man zum Markt, um die imposante Marienkirche zu bestaunen. Zuvor genehmigt man sich im Eiscafé „San Marino“ einen Eisbecher mit Sahnehäubchen. Dann geht es wieder an die Saale. Am Parkplatz in der Dammstraße führt eine kleine Brücke über den Fluss. Diese quert man und fährt rund acht Kilometer auf der linken Saaleseite weiter.

Bei **Kleinkorbetha** wechselt man erneut das Ufer und setzt zum Endspurt an: **Bad Dürrenberg** naht. Das Kurstädtchen verfügt über eine 1 000-jährige Geschichte, scheint aber keinen Ortskern zu haben. Im Grunde ist dies der zehn Hektar große Kurpark mit dem imposanten **Gradierwerk**. Seine 12 Meter Höhe und die 638 Meter in der Ausdehnung machen es sogar zu Europas längstem zusammenhängendem Gradierwerk. Als einzige Anlage ihrer Art in Deutschland darf sie von oben besichtigt werden. Einmal an den Schwarzdornwänden entlanggepilgert, aus denen unentwegt Sole tropft und der hartnäckigste Heuschnupfen scheint besiegt. In der sanierten Trinkhalle im Kurpark sind indes auch andere Soleanwendungen möglich.

Wie die salzige Lauge aus dem Erdreich hochgeholt wird, darüber informiert das kleine Borlach-Museum. Eine Attraktion bildet übedies das Palmen- und Vogelhaus im Park, in dem im Sommer Wanderausstellungen logieren. Vom Bahnhof, der über die Haupt- und die Merseburger Straße nordwärts erreichbar ist, geht es schließlich heimwärts.

Radtour:
35 km

Start:
Naumburg Hbf.
RB 20 stdl., RE 15 alle 25 Minuten ab Leipzig Hbf.

Ziel:
Bahnhof Bad Dürrenberg
RB 20 stdl. nach Leipzig Hbf.

Eine Stadt, die reizt

31

Altenburg

Wer Skat spielt, hält zwangsläufig ein Stück Altenburg in der Hand. Hier wurde des deutschen Mannes liebstes Kartenspiel nicht nur ersonnen, hier wird das deutsche Blatt auch seit 1832 gedruckt. Doch die über 1 000-jährige Residenzstadt ist mehr als ein Stammtisch. Große Historie, große Kunst, groß(artig)es Theater und ein Großer Teich treffen in dieser Kreisstadt aufeinander.

Altenburg und Skat gehören einfach zusammen. Schon 1886 tagte in Altenburg der erste deutsche Skatkongress. 1899 nahm hier auch der Deutsche Skatverband seinen Sitz.

Heute lässt sich auf einem **Skaterlebnispfad** den Spuren des Spiels wie denen der Spielkartenmacher zum Schloss folgen. Das erhebt sich seit gut einem Jahrtausend auf dem Fels. Vom Bahnhof erreicht man es, wenn man links die Wettinerstraße nimmt. Vorm **Lindenau-Museum** muss man rechts am Teich vorbei durch den Park schlendern. Natürlich lässt man dieses Museum nicht aus. Dieser Kunsttempel, der zu den Top 20 der ostdeutschen Museumshochkultur gehört, wird das Finale der heutigen Tour bilden.

Einst Kaiserpfalz der Staufer, später Residenz der Wettiner und Schauplatz des sächsischen Prinzenraubs – das **Schloss** überwältigt mit seinem prächtigen klassizistischen Festsaal. Heute befindet es sich weitgehend im Zustand des 18. Jahrhunderts. Die **Schlosskirche,** in der eine barocke Trost-Orgel ertönt, konnte ihr ihr ursprüngliches gotisches Antlitz behüten. Im Schlosskomplex lassen sich auch eine Fürstengruft und ein Geheimgang entdecken sowie zwei Wachtürme erklettern. Alle Jahre im Juli erlebt der Schlosshof überdies ein Open-Air-Spektakel: Über 200 Akteure stellen den Raub der beiden Sachsenprinzen anno 1455 durch Ritter Kunz zu Kauffungen nach. Das Kidnapping endete glücklich, nur Kunz verlor seinen Kopf.

Das **Spielkartenmuseum** im Schloss wurzelt in einem Appell von 1923. Darin bat der Museumschef seine Skatbrüder und -schwestern, ihre Kammern nach alten Spielkarten, Druckformen und Gerätschaften zu durchstöbern und diese zu stiften. Es war die Geburtsstunde des weltweit ersten Spielkartenmuseums. Tausende historische Kartenspiele bilden heute ein grandioses Bilderbuch europäischer Geschichte. Daneben versammeln sich Spielkarten aus aller Welt, aber auch Druckformen und -pressen, ja eine komplette Kartenmacherwerkstatt.

Der 16 Hektar große **Schlosspark** östlich der Residenzbauten erstreckt sich fast über den ganzen Schlossberg. Ende des 16. Jahrhunderts angelegt, machte er alle botanischen Moden mit – von der italienischen über französische und englische bis hin

Altenburger Tourismus Agentur
In der Tourist-Information befindet sich auch der größte Spielkartenladen Deutschlands.

Markt 17
04600 Altenburg
Tel. (0 34 47) 51 13 40
www.altenburger-originale.de
Mo–Fr 10–18 Uhr, Apr.–Dez. auch Sa/So 10–14 Uhr

Öffentliche Stadtführungen
Start ab Altenburger Spielkarten- & Spezialitätenladen

Markt 17
Mo/Mi/Fr 14, Sa 11 Uhr

Schlosshof Altenburg

zur sozialistischen Prägung. Unbeeindruckt davon erhielt sich eine Vielzahl teils seltener Bäume. Auch über die **Herzogin-Agnes-Gedächtniskirche,** das barocke Teehaus samt Orangerie, den herzoglichen Marstall sowie das **Mauritianum** neigen sie schützend ihre Wipfel. Letzteres ist ein feines Naturkundemuseum im Jugendstil, in dem sich der weltweit größte Rattenkönig bestaunen lässt.

Auf dem Weg vom Schloss in die Altstadt liegt das prunkvolle **Landestheater**. Ein Schüler Gottfried Sempers errichtete den Renaissance-Bau nach Plänen für die erste Dresdner Oper. Bis heute erlebt das Mehrspartenhaus außergewöhnliche Inszenierungen.

Wenig später, immer die Burgstraße hinauf, öffnet sich rechts der **Brühl**. Hier, am ältesten Marktplatz der Stadt, existiert das weltweit einzige Denkmal, das ein Kartenspiel würdigt – der 1903 gesetzte **Skatbrunnen.** Viele Skatspieler kommen hierher, um mit seinem Wasser ihre Karten zu taufen. Es soll Glück bringen. Rechts hinter dem Brunnen zieht das pompöse **Seckendorffsche Palais** die Blicke auf sich. Berühmtester Bewohner des 1724 erbauten Hauses war Friedrich Arnold Brockhaus. Zwischen 1810 und 1817 legte er hier den Grundstein für den später weithin berühmten Verlag. Altenburgs heutiger **Markt** ist natürlich deutlich größer. Von der Burgstraße geht man dazu nach links durch die Sporenstraße. Das reich verzierte Renaissance-Rathaus nahm die Bürgerschaft 1564 in Besitz. Der Ratssaal besitzt eine prächtig bemalte Balkendecke und einen

Schloss- und Spielkartenmuseum
Neben einer Schau zur Welt der Spielkarten gibt es im Schloss auch eine militärhistorische Sammlung, eine Porzellansammlung sowie Ausstellungen zur Stadt- und Schlossgeschichte.

Schloß 2–4
04600 Altenburg
www.residenzschloss-altenburg.de

großen Kamin. Wer den Ratssaal betritt, meint noch immer das Flair jener Zeit zu spüren. Wochentags ist er auch für Besucher zugänglich. Der achteckige **Rathausturm** zeigt übrigens stets die genaue Mondphase an. Das Westende des Marktes schließt die stilvolle **Brüderkirche** ab, auch wenn sich im historistischen Neubau von 1905 gleich mehrere Stile vermengen: Romanik, Gotik und Jugendstil.

Insgesamt sind es fünf Märkte, die die liebevoll restaurierte Altstadt aufweisen kann. Mithin prägen die einstige Augustinerabtei und die großzügigen Plätze, die Kaiser Friedrich Barbarossa hier im frühen 12. Jahrhundert anlegen ließ, das Stadtbild. Ein neues Zeitalter beginnt gewissermaßen am **Kunstturm,** zu dem der Weg hinterm Rathaus über Topfmarkt, Kornmarkt und Baderei führt. 1845 entstand er im Stile eines italienischen Campanile – damals noch als Wasserturm. Davor breitet sich der **Kleine Teich** aus, von dem es nach rechts geradewegs zum **Großen Teich** geht. Beide waren mal ein Gewässer. Der Damm wurde erst später aufgeschüttet, ebenso die Insel im Großen Teich. Seit 1954 ist sie eine kleine Arche Noah, denn sie beherbergt einen **Inselzoo.**

Dass man beim Skat nicht gern auf dem Trockenen sitzt, wird schnell augenfällig. Bis heute erhielten sich hier eine Brauerei und eine Destillerie- und Liqueurfabrik. Deren Historie lässt sich sogar in kleinen Museen erleben. Das **Schnapsmuseum** befindet sich Am Anger, wohin vom Parkplatz am Großen Teich ein Parkweg nordwärts führt. Das **Brauereimuseum** ist in der Brauerei, die man vom Bahnhof aus über die Wettinerstraße und die Offenburger Allee erreicht. Wie verabredet, klingt der Tag im 1876 eröffneten **Lindenau-Museum** aus.

Lindenau-Museum
Frühe italienische Malerei, antike Keramik, Abguss-Sammlung, Kunstbibliothek, Malerei des 15.–19. Jh., deutsche Malerei des 20./21. Jh., grafische Sammlung.

Gabelentzstr. 5
Tel. (0 34 47) 8 95 53
www.lindenau-museum.de
Di–Fr 12–18 Uhr,
Sa/So/Fei 10–18 Uhr

Start und Ziel:
S-Bhf Altenburg
S5/S5X alle 30 Min. ab/nach Leipzig Hbf.

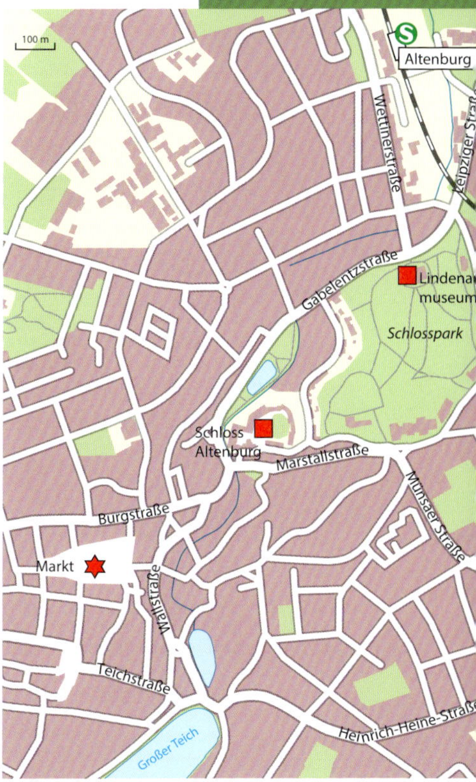

Burg Gnandstein

Auf dem Rad ins Mittelalter

32

Kohrener Land

Für das Kohrener Land zu werben, hieße Burgen in das Tal der Wyhra zu tragen. Überlebte hier doch Sachsens besterhaltene romanische Wehranlage. Mancherorts scheint gar die Zeit stehen geblieben, etwa im pittoresken Töpferquartier von Kohren-Sahlis oder im Burgzwinger von Gnandstein.

Am Bahnhof in **Geithain** folgt man der Bahnhofstraße bis zum Marktbrunnen. Über die Nikolaistraße und später die Altenburger Straße kommt man so nach rechts bald aus der Stadt heraus. Doch gemach, Geithain lohnt einen Stopp! Schon wegen seines historischen Rathauses und der hoch aufragenden **Kirche St. Nikolai,** die direkt an unserem Weg liegt. Stolz erhebt sie sich über der alten Stadtmauer aus dem 16./17. Jahrhundert. Bereits 1209 wird sie erwähnt. Aus jener Zeit stammt auch das enge Stadttor mit seinem Torhaus, hinter dem man das kleine Zollhaus entdeckt. Es entstand gar auf den Resten einer Bastion aus dem 11. Jahrhundert.

Von der Altenburger Straße zweigt man später nach einem Parkplatz links in den Ossaer Weg ab. Man radelt bis zu einem freistehenden Altneubau, an dem rechts ein Landweg beginnt. Er trägt das grüne Symbol der Radroute Kohren-Rochlitzer Land. In gut 4 Kilometern, immer der Nase nach, erreicht man **Syhra.**

Chroniken nennen Syhra 1696 als eigenes Rittergut. Das Schloss aus jener Zeit verfällt leider, doch das angrenzende Fachwerk-Torhaus wurde von außen schön instandgesetzt. Sehenswert ist auch die sanierte Syhraer Dorfkirche mit ihrem 1586 gestifteten Renaissance-Altar sowie einem kelchförmigen Taufstein aus Sandstein.

In Syhra biegt nach Haus 38 links ein Radweg ab. Ein Wegweiser zeigt Kohren-Sahlis an. Man fährt bis zu einer Schutzhütte, an der man sich nach rechts orientiert. Nach 2,5 Kilometern rollt man in **Terpitz** ein. An einer Gabelung fährt man aber nicht rechts auf Kohren-Sahlis, sondern hält sich immer links. Es geht durch ein Wäldchen, bis nach einer Linkskurve Kohren-Sahlis grüßt. Man quert eine Kreuzung, passiert links den Schmiedeteich und würde gern geradewegs in einen kleinen Rokoko-Park rollen. Er gehörte einst zum Rittergut. Leider ist er nicht zugänglich.

So hält man sich links und erreicht über die

Gasthof Lindenvorwerk
Alte Wassermühle, Gondelteich, deftige deutsche Küche, reichlich und gut.

Linda Nr. 33
04655 Kohren-Sahlis
www.lindenvorwerk.de

Schwindpavillon
Orangerie mit beeindruckenden Wand- und Deckenfresken.

04655 Kohren-Sahlis
(OT Rüdigsdorf)
www.kohren-sahlis.de

Peniger Straße das **Lindenvorwerk.** Das beliebte Ausflugslokal schaut auf eine 175-jährige Historie zurück. Vor allem vom kleinen Gondelteich geht ein einzigartiger Reiz aus. Er lässt sich behaglich mit Ruderbooten, Wassertretern oder großen schwimmenden Schwänen erobern. Eine alte Wassermühle, der Minigolfplatz sowie ein Irrgarten, der alle Sinne ansprechen will, runden das gefällige Ensemble ab.

Vom Lindenvorwerk führt der Mausbachweg durch den Wald wieder zurück auf Kohren-Sahlis. Ein Abzweig lockt indes noch vor der Stadt nach links. Ziel ist der **Schwindpavillon** im Ortsteil **Rüdigsdorf.** Die 1829 errichtete Orangerie in einem kleinen englischen Park verdankt ihren Namen dem spätromantischen Maler Moritz von Schwind. Er verzierte das Lusthäuschen geradezu atemberaubend schön mit Fresken, die Motive des antiken Märchens Amor und Psyche aufnehmen. Nun bilden sie einen traumhaften Rahmen für Konzerte und Trauungen.

Die Schulstraße führt flugs nach **Kohren-Sahlis.** Dass das Städtchen bis heute seine uralte Tradition als Hort der Töpferkunst lebt, spürt man allenthalben. Markant thront der **Töpferbrunnen** auf dem Markt; herrlich vor allem das dralle Weib darauf. Links davon führt die enge Wirtsgasse durch Steingärten steil treppab (absteigen!) zum putzigen Töp-

Kohren-Sahlis mit Resten der alten Burg

ferplatz. Das ganze Quartier wirkt, als sei die Zeit stehen geblieben. Es könnte locker die Kulisse für mittelalterliche Filme abgeben. So erhielten sich hier mehrere Werkstätten und ein **Töpfermuseum**. Im Töpferhaus Arnold etwa drehen sich schon seit 1548 jene Scheiben, auf denen geschickte Hände anmutige Töpfe, Tassen und Teller aus der glitschigen Tonmasse formen.

Von der **Kohrener Burg**, deren Ruine über allem thront, überlebten nur zwei stumpfe Bergfriede. Doch das verkraften die Einwohner. Denn unter ihr verläuft der Weg zu einer anderen Burg, die heute Stolz der ganzen Region ist – **Gnandstein**. Geht man die Töpferstraße südwärts hinab und biegt rechts auf die Gnandsteiner Straße, gelangt man schnurstracks zu dieser besterhaltenen romanischen Wehrburg Sachsens. Aus der Gründungszeit im frühen 13. Jahrhundert überlebten der Palas (Saal) sowie der Bergfried und die Zwingeranlage. Nach langen und umfassenden Restaurierungsarbeiten sind nun auch Kaisersaal und Schlossgalerie im Südflügel Teil des Museumsrundgangs.

Heute präsentiert sich Gnandstein als museales Gesamtkunstwerk. Es umfasst auch eine spätgotische Kapelle mit drei Flügelaltaren, eine furchteinflößende Waffenkammer, Interieur von Barock bis Klassizismus sowie die mittelalterlichen Burggärten. Wer den Bergfried entert, um einen fesselnden Blick über das Kohrener Land zu erhaschen, sollte indes vorsichtig sein – auf Gnandstein mietete sich auch allerlei Getier ein: Turmfalken, Schleiereulen, Mauersegler sowie gleich sechs Fledermausarten – vom Braunen Langohr bis zum Großen Abendsegler.

Der weitere Weg führt links der Burg über den Teichdamm gen Norden. Es wird deutlich steiler, denn man muss den Horndreherberg hinauf. Dann geht es durch das Waldgebiet **Stöckigt** in den dunklen Streitwald. Wenn der sich lichtet, erspäht man hinter zwei Teichen die Silhouette von **Schloss Wolftitz**. Der vor sich hin dämmernde Renaissancebau mit fränkischem Laubengang und „Rapunzelturm" aus dem 15. Jahrhundert dient der Familie von Einsiedel als Forstverwaltung.

Hinter dem Schloss biegt man rechts in die Wolftitzer Straße ein und dann links auf den Radweg parallel zur Kohrener Straße. Jenseits der B 7 führt ein

Töpferbrunnen in Kohren-Sahlis

Burg Gnandstein
Besterhaltene romanische Wehrburg Sachsens. Palas, Bergfried, Zwingeranlage, Burggärten, Kapelle, historische Ausstellungen.

Burgstr. 3
04654 Kohren-Sahlis
www.burg-museum-gnandstein.de

Papier- & Heimatmuseum mit DDR- Ausstellung Fockendorf
Traditionsverein Papierfabrik Fockendorf e. V.

Fabrikstraße 10
04617 Fockendorf
www.papiermuseum.net

schöner Weg neben dem Flüsschen Wyhra bis **Frohburg.** Gezeichnet ist er mit einer Skat-Eichel, Symbol der Radroute Altenburg-Colditz. Nach 3 Kilometern erreicht man die Stadt, die für ihre Motorradrennen berühmt ist. Interessanter erscheint aber erst einmal das **Frohburger Schloss.** Zu dem findet man über zwei Brückchen vor dem Stadtbad: erst eines über den Wildbach, der von rechts in die Wyhra mündet, dann ein zweites über die Wyhra wenig später nach einer Dreiarmkreuzung auf dem links abbiegenden Weg. Nun muss man nur weiter am Ufer entlang. Im Schloss logieren ein Museum zur Bau- und Besitzergeschichte sowie ein Café. Hier stärkt man sich für die letzte Etappe.

Hierzu quert man die Florian-Geyer-Straße und fährt weiter in einem Park zwischen zwei Teichen hindurch zur B 95. Auf der hält man sich kurz links und biegt nach der Tribüne der Rennstrecke rechts in den Feldweg Am Kalkbruch. Nun tourt man an den **Eschefelder Teichen** vorbei und hält sich dann rechts auf den Damm des **Großen Teiches.** Als Orientierung dient nun das **Gasthaus Teichhaus.** Vor diesem geht es links auf einen Wiesenweg, der an einem Gehölzstreifen nach **Eschefeld** führt. Wer kein geländefähiges Rad hat, schiebe hier notfalls ein Stück.

Die Eschefelder Teiche lohnen auch einen Stopp: Sie sind ein Naturschutzgebiet und ein kleines Vo-

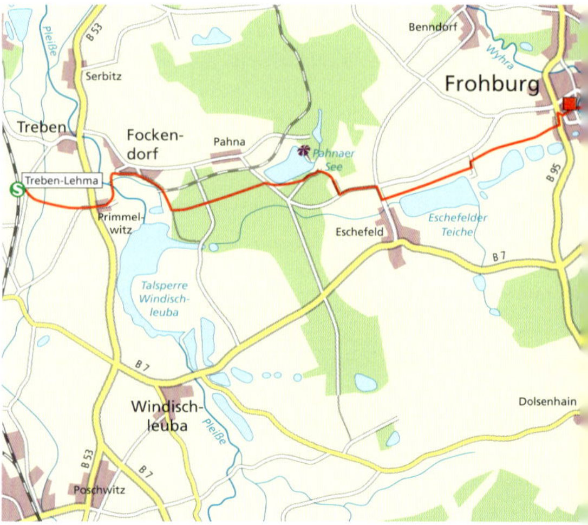

gelparadies mit über 100 Vogelarten wie Fischadler, Eisvogel und Blaukehlchen. Im **Teichhaus Eschefeld** befindet sich eine Naturschutzstation des Naturschutzbundes NABU. Eine Ausstellung im Hof zeigt Nisthilfen für Insekten und Vögel und einen Kräuterhügel.

An der Eschefelder Dorfstraße hält man sich rechts, biegt dann links Zum Goldberg ein und kommt an eine Gabelung. Man nimmt den rechten Feldweg ins Deutsche Holz. An einer Eiche geht es dann auf einem breiten Waldweg nach rechts zum **Pahnaer See.** Der 25 Hektar große See liegt inmitten eines naturbelassenen Waldgebietes. Neben einem Badestrand gibt es auch ein Strandcafé und einen Campingplatz. Vom Pahnaer See hält man sich weiter geradeaus, bis links ein Weg in den Wald lockt. Nun geht es immer geradeaus bis zur Gaststätte Am Stausee (Stausee Windischleuba). An dieser muss man rechts nach **Fockendorf.** Hier führt der Mühlgraben bis zum Wehrweg, der nach links zum Pleißewehr abzweigt. Jenseits des Flusses geht es links nach **Primmelwitz.** Wieder dient der Mühlgraben als Wegbegleiter, bis man auf die Bahnhofstraße stößt. Sie endet am Haltepunkt **Treben-Lehma.**

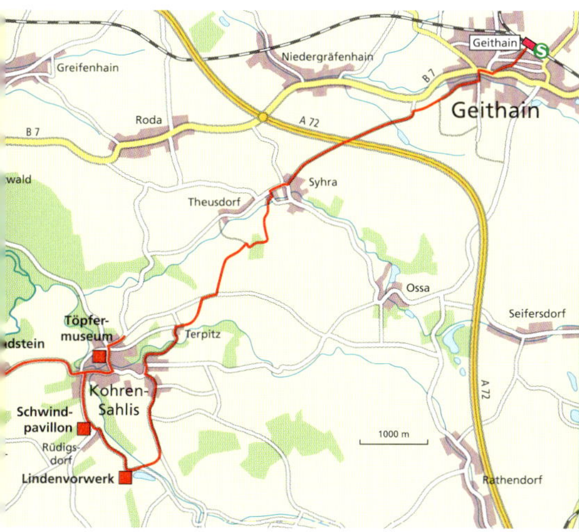

Radtour:
35 km

Start:
Bahnhof Geithain
S6, RE 6 stdl., RB 113 alle 2 Std. ab Leipzig Hbf.

Ziel:
Station Treben-Lehma
S5 stdl. nach Leipzig Hbf.

Fast einmal der Nabel Sachsens

33

Grimma

Seit Markgraf Otto der Reiche 1170 beschloss, an jener strategisch günstigen Stelle direkt an der Mulde eine planmäßige Marktsiedlung zu gründen, brachte es Grimma immer wieder zu landesweitem Einfluss. Auf dem Schloss residierten häufig Markgrafen und Kurfürsten, und in der Stadt wurden mehrere Landtage abgehalten.

Auf seiner Wallfahrt nach Palästina nannte sich Herzog Albrecht der Beherzte, Stammvater des sächsischen Königshauses, Junker von Grym – aus Respekt vor der Stadt, in der er Ende Juli 1443 zur Welt kam. Fast auf den Tag genau 559 Jahre später bestanden die Grimmaer eine ihrer härtesten Prüfungen der jüngeren Zeit, als ihnen die Jahrhundertflut an Elbe und Mulde 2002 schwer mitspielte. Mittlerweile sind deren Folgen in der denkmalgeschützten Altstadt kaum noch sichtbar. Am Ufer erinnert dafür ein steinerner Baum aus vulkanischem Porphyr an die Katastrophe.

Indes startet die Stadttour im Grünen. Vom Bahnhof läuft man die Karl-Marx-Straße bis zum Schwanenteich hinunter und hier nach rechts. Am Ende des Teiches schwenkt man links in die Köhlerstraße, um kurz darauf rechts durch das Verlobungsgässchen zur **Mulde** zu gelangen. An der Großmühle zeigen Hochwassermarken der letzten 200 Jahre, wie oft die Fluten den Grimmaern zusetzten. Der Wanderweg an der Mulde führt unterhalb der **Gattersburg** entlang und geleitet parallel zur Colditzer Straße aus der Stadt heraus. Fortan nimmt man bis **Nimbschen** den Muldendamm. Hier erinnert die Klosterruine noch an die Flucht von neun Nonnen, darunter Luthers spätere Frau Katharina von Bora. Dahinter führt nach links ein Waldweg zur Fähre, die ans andere Ufer nach **Höfgen** tuckert. Das sehenswerte Dorf mit seiner **Wehrkirche** und das **Wassermühlenmuseum** sind durchaus einen Umweg wert.

Andernfalls spaziert man von der Fähre nach links zur historischen **Schiffsmühle**. Hinter dem gleichnamigen Hotel führt ein steiler Weg zum Grimmaer **Jutta-Park**. Er wurde 1900 im englischen Stil angelegt. Für den Jutta-Turm, zu dem eine hübsche Kastanienallee geleitet, trifft das jedoch nur bedingt zu. Denn in seinem Inneren gibt eine – fraglos faszinierende – Klanginstallation den Ton an. Wer beschwingt davon den Turm besteigt, dem eröffnet sich auch noch eine weite Aussicht ins Muldenland.

Vom Turm führt ein Feldweg bis zur Straße. In diese biegt man links ein, bis am Waldrand rechts der Mohdschägiebchenweg zurück zur Mulde lockt. Der Weg tangiert wieder den Fluss, führt aber am **Rabenstein** noch einmal steil aufwärts. Von hier oben

Stadtinformation Grimma
Auch außerhalb der Öffnungszeiten liegt Informationsmaterial im Vorraum aus.

Markt 16
04668 Grimma
www.grimma.de

Fähre Höfgen
Personenfähre, nimmt auch Fahrräder und Kinderwagen mit.

Muldeschifffahrt Grimma – Höfgen
Von der Grimmaer Hängebrücke aus verkehren von Ostern bis Oktober Fahrgastschiffe nach Höfgen und zurück.

www.grimma.de

lässt sich schon die **Hängebrücke** erkennen, die über die Mulde führt. Sie stammt aus dem Jahr 1925 und ist bis heute Sachsens längste Tragseilbrücke. 2013 hatte das Juni-Hochwasser der schwankenden Brücke schwer zugesetzt. Inzwischen ist sie aber wieder passierbar. Man bleibt auf der linken Seite zunächst am Muldeufer, ehe man links in die Töpferstraße biegt. Sie stößt am Leipziger Platz auf die **Frauenkirche**. Die ist fast so alt wie die Stadt selbst, ihre Westfront stammt noch aus dem 12. Jahrhundert. 2002 widerstand das doppeltürmige Gotteshaus den Fluten. 60 Menschen verschanzten sich darin, mussten die Empore erklimmen und zusehen, wie das Interieur davontrieb. Pfarrer Behr organisierte schließlich ein Motorboot, um die Gefangenen zu retten.

Von der Kirche bringt uns die schön restaurierte **Lange Straße** geradewegs zum **Markt**. Allein das Rathaus, das sich hier mit seiner grandiosen Renaissancefront darbietet, lohnt den Besuch Grimmas. Eingebettet in das wieder intakte Marktensemble, in dem sich gleich mehrere Stilepochen vereinen, sucht es in Sachsen seinesgleichen. Fast jedes Haus am Markt besitzt eine spannende Geschichte. So arbeitete in Markt 11, dem 1550 entstandenen heutigen **Seume-Haus**, 1797 die Druckerei des berühmten Leipziger Verlegers

Muldefähre in Grimma

Georg Joachim Göschen. Eine hölzerne Wendeltreppe sowie spätgotische Decken blieben aus der Entstehungszeit erhalten. Im Markt 15, einem prächtigen Renaissancebau von 1572, residiert nun das Standesamt. Wegen des Wendeltreppenturms an der Rückseite, der schönen Fenster- und Türprofilen sowie eines Gewölbekellers gilt es als das architektonisch wertvollste der Stadt.

Zwei Straßen hinter dem Markt, ostwärts gesehen, erinnert neben dem Schloss auch die einstige Landes- und Fürstenschule St. Augustin an Grimmas große Historie. Als der Landesherr nach der Reformation anno 1543 verfügte, dass drei sächsische Klöster in Landesschulen umgewandelt werden und sich viele Orte darum bewarben, erhielt auch die Muldestadt den Zuschlag. Der heutige Bau, der nun ein Gymnasium beherbergt, entstand indes 1891. Sachsenkönig Albert I. selbst hatte es eingeweiht.

Über die Uferpromenade kann man gemütlich zurück Richtung Bahnhof spazieren. Aber Augen aufbehalten: Der Weg tangiert die **Mauerlauben** auf der früheren Stadtmauer von 1250. Das bekannteste Mauerhäuschen gehörte Ludwig Ferdinand Stolle. Der machte sich durch das Grimmaer Heimatlied „Im Tale, wo die Mulde fließt …“ und als Redakteur der Zeitschrift „Die Gartenlaube“ einen Namen.

Spaziergang

Start: Bahnhof Grimma
RB 110 stdl. ab/nach Leipzig Hbf.

Am schnellsten Fluss Mitteleuropas

34

Muldental

Ein Nobelpreisträger, der Hofbaumeister von August dem Starken und eine flüchtige Nonne, die später Luther heiratete – ihren Spuren folgt man auf dieser vergleichsweise kurzen Radtour von Großbothen entlang der Mulde nach Grimma.

Blick auf den Thümmlitzsee

Die Mulde gilt nicht nur bei Hochwasser als der schnellste Fluss Mitteleuropas. Das spürt man, wenn man in **Großbothen** gleich nach der Bahnbrücke links in die Kösserner Straße abbiegt und wenig später die Brücke erreicht. Der Fluss hat sich hier erst 5 Kilometer zuvor aus der Freiberger Mulde und der Zwickauer Mulde vereinigt. Nun schießt er quasi mit doppelter Kraft nordwärts.

Zunächst verlässt man aber noch einmal die Mulde und strampelt gen **Kössern** ein Stück bergauf. Der Ort ist schnell erreicht, und schon verfällt man erneut ins Staunen. Denn das **Jagdhaus Kössern,** das sich an der nächsten größeren Kreuzung erhebt, ist ein barockes Kleinod. Seine blätternde Fassade konnte es durch die Sanierungsarbeiten abstreifen und so erstrahlt es inzwischen wieder in alter Schönheit. In seinem Inneren beherbergt das Schlösschen so manche Augenweide, etwa den Festsaal: Vor Stuck und Prunk an Wänden und Decken gehen einem die Augen über.

Baumeister war kein Geringerer als jener Matthäus Daniel Pöppelmann, der einst als Oberlandbaumeister von August dem Starken den Dresdner Zwinger schuf. Sachsens Oberhofjägermeister Wolff Dietrich von Erdmannsdorff hatte das Idyll Anfang des 18. Jahrhunderts als Rahmen für kurfürstliche Jagden errichten lassen. Als es später sichtlich zu

Wilhelm Ostwald Park
Im „Haus Energie“ lebte, arbeitete und forschte der deutsch-baltische Chemienobelpreisträger Wilhelm Ostwald von 1901 bis zu seinem Tod 1932. Führungen durch Museum und Park derzeit nur nach telefonischer Anmeldung.

Grimmaer Str. 25
04668 Großbothen
Tel. (03 43 83) 7 34 91 52
www.wilhelm-ostwald-park.de
außer Do tgl. 10–17 Uhr

Historische Schiffsmühle in Höfgen

altern begann, bewahrte es ab 1970 eine umfassende Sanierung vor dem Verfall. So dient das Jagdhaus heute als Kulisse für Konzerte, Lesungen und Kleinkunst. Von Kössern geht es via Amalienburg zum nahen **Thümmlitzsee**. Er entstand 1975 durch den Bau eines Stauwerkes. Heute ist das drei Hektar große Gewässer natürlicher Lebensraum für Biber, Wasservögel und Fische, zugleich aber auch ein beliebtes Revier zum Baden, Tretbootfahren oder Relaxen. Dort rollt man ein Stück am See in den Thümmlitzwald. Ziel ist ein alter slawischer Fluchtwall. Er erinnert daran, dass hier schon vor den Germanen Leben herrschte. Das bekam der Wald später jedoch derart zu spüren, dass irgendwann alles Holz verfeuert oder verbaut war. Ein Fall somit für Sachsens legendären Forstmeister Heinrich Cotta. Der forstete den Tann Anfang des 19. Jahrhunderts geradezu generalstabsmäßig wieder auf, indem er ihn zuvor in Planquadrate gliederte. Wanderer, Radler und Reiter verdanken ihm damit ein schnurgerades Wegenetz.

Obwohl der beliebte Bade- und Ausflugssee in den warmen Wochen gut frequentiert ist, leben hier Biber, Fischotter und Eisvogel. Nur lassen sie sich nicht so leicht sehen. Man rollt ein Stück zurück, umfährt den Südzipfel des Sees und lässt auch den Ferienpark mit dem Gasthaus am Thümmlitzsee rechts liegen.

Jagdhaus Kössern
Das barocke Schlösschen lädt regelmäßig zu Konzerten. Im Haus befindet sich auch die Tourist-Info der Gemeinde Großbothen.

Dorfstr. 1
04668 Großbothen
Tel. (03 43 84) 7 39 31
www.jagdhaus-koessern.de
Mo–Fr 9–15 Uhr (ganzjährig), Mai–Sep. Sa/So/Fei 10–17 Uhr

In **Förstgen** angekommen, biegt man gleich rechts in den Vierhäuserweg ein. Der ist anfangs etwas holprig, führt aber bergab – nun wieder direkt der Mulde entgegen. Fortan begleitet einen der Fluss auf naturbelassenen Wegen, erst vorbei an Feldern, dann durch das Müncherholz. Schon bald danach macht man in der Ferne die ersten roten Dächer von Höfgen aus. Rotes Gestein, sogar kunstvoll bearbeitet, säumt jetzt den gepflasterten Weg durch die Aue. Es sind Skulpturen aus Porphyr, einem vulkanischen Gestein, das bis heute in Rochlitz gebrochen wird. Dem markanten Material begegnet man im Muldenland indes regelmäßig. Denn als Baustoff drückte es in den letzten Jahrhunderten der ganzen Region seinen Stempel auf. Selbst in Leipzig findet es sich häufig, so am Alten Rathaus und am Zooportal.

Hier handelt es sich nun aber um fantasievolle Stelen, Plastiken oder Kletterfelsen. 28 Arbeiten formieren so den acht Kilometer langen „Weg der Steine“. Er endet erst in Grimma. Metalltafeln nennen den jeweiligen Künstler. Unter reiferen Sportfreunden dürfte es bei einem Namen sofort klicken: Erika Zuchold, einst populäre Vizeolympiasiegerin und Weltmeisterin im Turnen.

Immer wieder erinnern alte Pegelstände am Weg an die Jahrhundertflut 2002. So auch in **Höfgen**. Die stilisierten Fischköpfe an den Türbeschlägen der 700-jährigen romanischen Wehrkirche, die auf einer Felskuppe thront, bilden angeblich eine magische Abwehr gegen das Hochwasser. Doch 2002 halfen sie nicht. Ringsum war hier großflächig Land unter. Längst ist davon nichts mehr zu sehen, auch nicht in der alten **Wassermühle**. Die technische Schauanlage in einer Getreidemühle von 1721 lohnt unbedingt einen Stopp. Sehenswert ist auch die museale Darstellung der Arbeits- und Lebenswelt der Müllerfamilie vor gut 200 Jahren. Das Gotteshaus in Höfgen – 1654 barock umgebaut – gehörte übrigens seit 1351 zum Kloster Nimbschen. Das lag einst auf der gegenüberliegenden Flussseite, zu der eine Drahtseilfähre überläuft. Auch deren Tradition ist bereits bis 1638 nachweisbar.

Vor der Überquerung stärkt man sich jedoch im vorzüglichen Restaurant im Hotel „Zur Schiffsmühle“. Das bezieht seinen Namen von einem weiteren technischen Denkmal, das nebenan am Ufer vertäut

Museum Wassermühle Höfgen
Technisches Denkmal mit oberschlächtigem Wasserrad, funktionsfähiger historischer Mühlentechnik, rekonstruierter Müllerwohnung um 1800, Kräutergarten und Gaststätte.

Dorfstr. 8
04668 Grimma (OT Höfgen)
Tel. (0 34 37) 70 75 72
www.wassermuehle-hoefgen.de
Di–Sa ab 11.30,
So/Fei ab 11 Uhr

Museum Schiffsmühle Höfgen
Technisches Denkmal auf Bootsplanen mitten im Fluss.

Apr.–Okt. Sa/So/Fei 12–16 Uhr

Gattersburg bei Grimma und Klosterruine Nimbschen

Restaurant Mühlenstube im Erlebnishotel Zur Schiffsmühle
Im familiär geführten Restaurant ist die gesamte Speisekarte zu empfehlen. Bei schönem Wetter sitzt man am Goldfischteich besonders schön.

Zur Schiffsmühle 2
04668 Grimma (OT Höfgen)
Tel. (0 34 37) 7 60 20
www.schiffsmuehle.de
Tgl. 11–24 Uhr

ist: eine **Schiffsmühle**. Da jene in Höfgen heute als einzige weit und breit überlebte, entstand auf den schaukelnden Planken auch ein Museum samt Forschungsanlage.

Die kurze Fährpassage im schmalen Blechkahn hat etwas Nostalgisches. Von **Kloster Marienthron** in **Nimbschen** ist hingegen nur noch eine Ruine übrig – und eine berühmte Geschichte. Denn hier betete und arbeitete auch eine junge Zisterzienserin namens Katharina von Bora (1499–1552). Vor allem lernte sie hier lesen und schreiben. Eines Tages studierte sie so auch die ketzerischen Schriften eines Martin Luther, in denen er das Klosterleben kritisch beleuchtete. So reifte in ihr der Gedanke zur Flucht. Ostern 1523 kehrte sie schließlich bei Nacht und Nebel mit acht ihrer Ordensschwestern dem Kloster den Rücken. Sie gelangte nach Wittenberg – wo sie dem Reformator später sogar eine gute Ehefrau wurde. Von Nimbschen rollt man schließlich auf einem glatten Radweg in einem Viertelstündchen nach **Grimma**. Das letzte Stück führt durch den Stadtwald und dann am Muldeufer 80 Meter über die schaukelnden Planken der längsten Hängebrücke Sachsens. Nach den schweren Hochwassern 2002 und 2013 wurde sie stets vollständig wiederhergestellt.

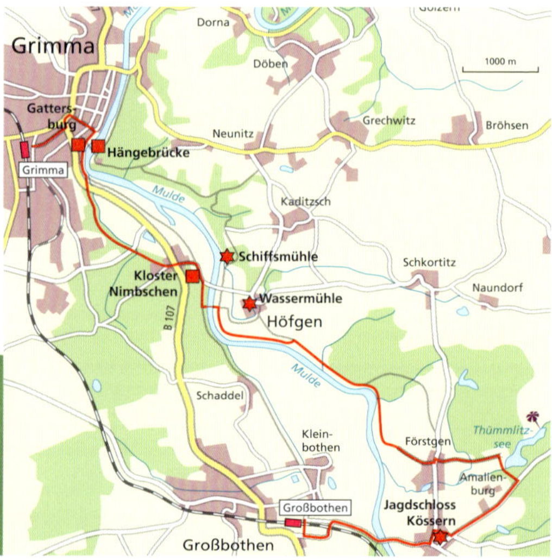

Radtour: 13 km

Start: Bahnhof Großbothen RB 110 mind. alle 2 Std. ab Leipzig Hbf.

Ziel: Bahnhof Grimma RB 110 stdl. nach Leipzig Hbf.

Burg Mildenstein in Leisni

Gesport und gestiefelt

35

Leisnig

Der größte Stiefel der Welt, eine der ältesten Burgen Sachsens, historisches Pflaster, das noch seine mittelalterliche Herkunft atmet, sowie uralte Wassermühlen – Leisnig ist mindestens eine Reise wert.

Obwohl der Leisniger Bahnhof etwas außerhalb liegt, ist die historische Altstadt, deren Ursprünge im 12. Jahrhundert liegen, in zehn Minuten erreicht. Zunächst wendet man sich dazu auf der Bahnhofstraße nach rechts, folgt dem Bogen nach links und stößt auf die Johannistalstraße. Über die Bergstraße und den Lindenplatz gelangt man zum **Markt**. Schön sanierte Häuser, Brunnen und kleine Treppenanlagen begleiten den Weg.

Aus allen Himmelsrichtungen führen geradwinklige Straßen und Gassen auf den großzügig angelegten Markt. Dominiert wird er vom neu errichteten Rathaus. Zum **Burglehn** sind es nur wenige Meter. Wen zuvor die im 15. Jahrhundert erbaute, dreischiffige **Stadtkirche St. Matthäi** interessiert, nehme zunächst den oberen Weg, also nicht die nach unten führende kopfsteinerne Fahrstraße. Heisten nannte man im Mittelalter solch erhöhte gepflasterte Gehwege entlang der Häuserzeilen, die Passanten vor Straßendreck und Matsch schützen sollten. Nur selten blieben sie erhalten, für Leisnigs Altstadt sind sie bis heute prägend.

Selten sind auch Stadtsiedlung und Burgbezirk so eng verwachsen. Leisnig wurzelt erkennbar in der von starken Wallmauern gefassten **Burganlage Mildenstein**. Deren ältester Teil, das Hinterschloss, thront auf einem trutzig aufragenden Felssporn über der Freiberger Mulde. Schon 1046 erwähnt eine Urkunde erstmals den Burgward. Mildenstein gehört so zu den ältesten Burgen Sachsens. Kaiser Heinrich IV. belehnte mit ihr 1084 Wiprecht von Groitzsch. Später erwarb sie Herzog Friedrich III. von Schwaben, der spätere Kaiser Barbarossa, der sie zur Reichsburg erhob.

Zu den ältesten erhaltenen Teilen der Burg gehört die romanische Kapelle aus dem 12. Jahrhundert. Das ursprünglich gotische Vorderschloss wurde 200 Jahre später als wehrhafter Wohnbau angelegt. Sehenswert ist vor allem die originale Dachkonstruktion des Kornhausbodens von 1395. Überdies beherbergt das Vorderschloss mehrere Ausstellungen. Die eigentlichen Hingucker der Burg sind aber die Rittersäle im zweiten Obergeschoss des Vorderschlosses. Besteigt man den Aussichtsturm, kann man sich kurz wie ein Markgraf fühlen, der über seine Stadt und das arrondierende Muldental späht.

Burg Mildenstein
Mittelalterliche Burg mit Schlossmuseum. Alljährlich ist die Burg Schauplatz von Osterspielen, Ritterspektakeln, Sommerfilmtagen, Burg- und Altstadtfesten, Konzerten und Kleinkunstaufführungen. Rittersäle können auch privat gemietet werden.

Burglehn 6
04703 Leisnig
Tel. (03 43 21) 62 56 25
www.burg-mildenstein.de
Ostern–Nov. Di–Fr 10–17, Sa/So/Fei 10–18 Uhr,
Dez.–März geschlossen

Stiefelmuseum und Wagler-Galerie
Präsentation des Leisniger Riesenstiefels, der Schuhmacherwerkstatt seines Schöpfers und von Arbeiten des Heimatmalers Karl Wagler.

Burglehn 11
Anmeldung über Gästeamt der Stadt Leisnig

Kirchstr. 15
www.leisnig.de

Leithenmühle
Historische Wassermühle, Schankwirtschaft mit Biergarten und Streichelzoo.

Brösen Nr. 38
04703 Leisnig

Das **Burgmuseum** zeigt verschiedene Ausstellungen zur Regionalgeschichte und verfügt über einen ausgefallenen Fundus an Dingen, die sich kaum anderswo bestaunen lassen: etwa nostalgische Schlittschuhe, Pickelhauben, Walzenspieldosen und Musikautomaten. Hinzu kommen Feuer-, Hieb- und Stichwaffen aus dem 17. bis 19. Jahrhundert.

Indes logiert der große Stulpenstiefel aus Döbeln, den Schuhmacher der Nachbarstadt 1925 für ihr 600-jähriges Innungsjubiläum fertigten, nicht mehr auf Mildenstein. Das 3,70 m hohe Lederschuhwerk war damals das größte weltweit, geriet bald in Vergessenheit und landete 1957 auf Burg Mildenstein. Der Leisniger Schuhmachermeister Gerhard Berthold pflegte ihn dort 33 Jahre lang, bis die Döbelner das werbeträchtige Beinkleid plötzlich zurückwollten. Nur wenige Jahre später schufen Meister Berthold & Co. in aller Heimlichkeit einen eigenen **Riesenstiefel**, für den am Ende sogar die Werkstattdecke durchbrochen werden musste. Das hatte die Welt noch nicht gesehen: Schafthöhe 4,90 m, Schuhgröße 330. Zur 950-Jahr-Feier Leisnigs 1996 wurde er erstmals ausgeführt. Quartier bezog er im **Stiefelmuseum,** der umgebauten Poststation direkt im Burglehn. Hier lässt sich auch die Schusterwerkstatt des verstorbenen Meisters Berthold besichtigen.

Die Leisniger Stadtkirche St. Matthäi überragt die Stadt

Lange führte das Stiefelstädtchen einen weiteren Beinamen: Esel-Leisnig. Bis zu 35 Esel wurden im 18. Jahrhundert auf der Muldenwiese gehalten, um Korn und Mehl zu transportieren. Zwei der ehemals sieben Mühlen überlebten bis heute. Nach so viel städtischer Historie wird es Zeit für etwas Grün. Über die Chemnitzer Straße geht es zurück zum Leisniger Wandertreffpunkt an der der Karl-Zimmermann-Sporthalle (Chemnitzer Str. 101) und dann südwärts bis **Meinitz**, wo man sich rechts entlang des **Schanzenbaches** halten muss.

Bald erkennt man die **Schanzenmühle**. Sie wurde 1556 erstmalig erwähnt und mahlte bis 1965. Weiter am Bach entlang führt der Weg, vorbei am kleinen Maschinenteich, zur authentisch restaurierten Leithenmühle. Ihre Geschichte reicht gar ins Jahr 1330 zurück. Zum technischen Denkmalkomplex, der besichtigt werden kann, gehören ein Fachwerkhaus mit oberschlächtigem Wasserrad, ein Taubenturm, das Mahlknechthaus und die gemütliche Mühlenklause. Nach einer Stärkung führt die Tour am Mühlenteich vorbei bis zur Mulde. Nahe der ehemaligen Zöllnermühle überquert man hier die Hauptstraße und wandert am Muldenufer nach **Röda**. Von hier führt der Weg nach rechts über den Rosenberg nach **Gorschmitz** und zurück nach **Leisnig**.

Schanzenmühle
Technisches Denkmal, Besichtigung nach Vereinbarung:

Armin Arnold
Tautendorf 18
04703 Leisnig

Tiergarten Tautendorf
Ein Refugium für viele heimatlose, vor allem einheimische Tiere, von Alpaka über Siebenschläfer und Greifvogel bis hin zum Zebrafinken. Hunde nur mit Absprache erlaubt.

Tautendorf 12
04703 Leisnig
www.gasthof-tautendorf.com

Besichtigung und Wanderung: 11 km

Start und Ziel:
Bahnhof Leisnig
RB 110 mind. alle 2 Std. ab/nach Leipzig Hbf.

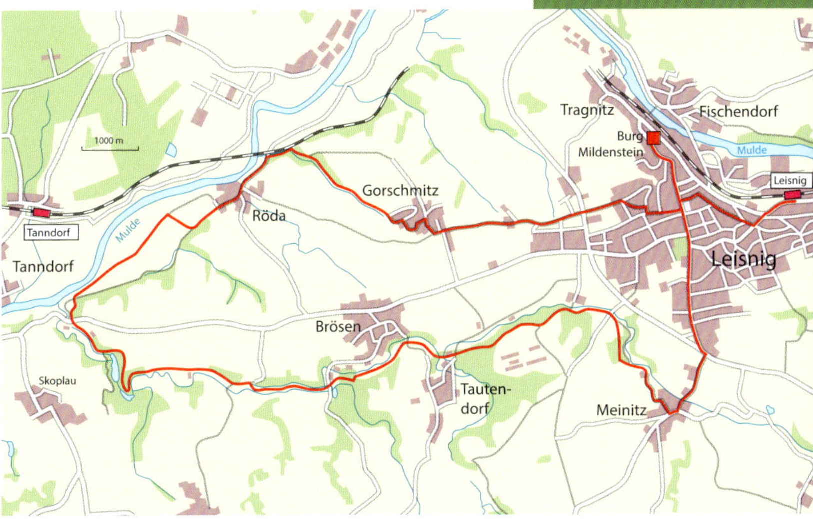

Der Collm zeigt den Weg

36

Durch den Wermsdorfer Wald nach Oschatz

Kühren – ist das nicht das Dorf mit dem Elefanten? Selten identifiziert man einen Ort so sehr mit einem kleinen Denkmal in seiner Mitte. Von hier radelt man auf langer Strecke durch wildreiche Forste, passiert Teiche, mittelalterliche Wüstungen und entert nebenher Westsachsens höchsten Gipfel. Ziel und Höhepunkt bildet das schöne Oschatz.

In **Kühren** führt die Großwildfährte über die Alte Bahnhofstraße schnurstracks zum legendären **Elefanten.** Der planscht in der Dorfmitte friedlich in einem Brunnen und wirkt so gar nicht wie ein Untier. Für ein solches hielt ihn jedoch 1888 ein offenbar trunkener Bauer. So brannte er ihm eine Ladung Schrot auf den Pelz. Dabei war es nur ein Heißluftballon, der bei einem Gartenfest aufgestiegen war. Die Sache geriet in Vergessenheit, bis sich genau 88 Jahre später eine Stammtischrunde des „ermordeten Elefanten" erinnerte. Und in erneut bierseliger Stimmung beschloss man, ihm ein Denkmal zu setzen. Nun steht schon das zweite Rüsseltier vor dem Dorfgasthof. Doch irgendwie hat der nun etwas Disneyhaftes. Vom Dickhäuter rollt man ein Stück die B 6 entlang, verlässt sie aber am Dorfteich rechts über einen leichten Anstieg zum Bäckerberg hinauf. So erreicht man **Streuben,** wo man sich links orientiert. Der **Wermsdorfer Forst** ist bereits ausgeschildert. Am Waldrand muss man an der ersten Vierarmkreuzung nach rechts und bald wieder links – auf einem guten Weg zu einem Damm. Der verläuft unmittelbar zwischen **Reiherteich** (links) und **Doktorteich.** Wenn man leise ist, entdeckt man auch ein paar Graureiher im silbrig glänzenden Wasser – einen Doktor freilich nicht.

Man wählt den grünen Weg rechts des Doktorteichs und radelt weiter zum nächsten Gewässer, an dessen linkem Ufer man weiterfährt. Das nennt sich gleich **Drei Teiche,** denn einst durchzogen es zwei Dämme. Der südlichere existiert noch, also überquert man ihn auch. Er führt nach einer Brücke einen Hügel hinauf, wo man auf uraltes Gemäuer trifft: den rekonstruierten Grundriss einer Wehrkirche um 1200. Südwärts lässt sich zwischen Bäumen der **Kirchenteich** ausmachen. Auch er wurde erst im Mittelalter ausgehoben. Nennewitz nennen alte Karten diese Wüstung. Es gab da Hausstellen, eine Grubenköhlerei, eine Pechsiederei und sogar eine kleine Burg. Sie erreicht man über einen Trampelpfad, der

Stadt- und Waagenmuseum Oschatz
Die Schau historischer Waagen ist in Europa einmalig.

Frongasse 1
04758 Oschatz
Tel. (0 34 35) 92 02 85
www.oschatz-erleben.de

sich ein Stück bergab des Weges rechts in den Wald zieht. Mit Glück trifft man Archäologen der Oschatzer Friedrich-Gustav-Klemm-Gesellschaft, die hier jeden Sommer in die regionale Historie vordringen. Gern beantworten sie auch Fragen.

Dann fährt man auf dem grünen Weg am Südufer des Kirchenteichs weiter. Bevor es weiter zum **Zeisigteich** geht, hält man aber links auf eine Schutzhütte zu. Nun befindet man sich auf dem blauen Weg und folgt ihm immer geradeaus durch pilz- und beerenreichen Mischwald bis zu einer wenig befahrenen Nebenstraße. Hier geht es nach rechts und dann – wie mit dem Lineal gezogen – kilometerlang der Nase nach. Man strampelt jetzt über historisches Jagdterrain. Denn August der Starke hatte das gradlinige Wegesystem einst für die Parforcejagd zu Pferde anlegen lassen. So ließen sich Hirsch, Sau & Co. mit Hundemeuten besser hetzen.

Wenn die Straße den breiteren Calbitzer Weg kreuzt, biegt man in diesen links ein und vier Wegkreuze später rechts in den Butterweg. Mehrere Routen weisen nun zum **Collm**. Wählt man den gelben Weg, dauert es zwar länger, man streift aber den lauschigen **Silbersee**. Zurück auf der Straße, lässt sich bald links hinter Feldern auf dem Collm der **Albertturm** ausmachen. In seiner Stumpfheit wirkt er

Marktplatz in Oschatz

ein wenig wie der Wohnsitz von Rapunzel. Dennoch machten ihn seine 314 Meter zum höchsten Punkt des ehemaligen Bezirkes Leipzig.

Per Drahtesel erreicht man den Gipfel über eine gepflasterte Serpentine. Dazu radelt man in das gleichnamige Dorf und nimmt an einer Dreierkreuzung einen Fahrweg links nach Calbitz. An einem Parkplatz geht es erneut links zum Albertturm hoch. Der Anstieg treibt den Schweiß, doch so spürt man, dass der Berg nur die Spitze eines 3 Kilometer langen Höhenzugs bildet. Rotbuchen, Traubeneichen und Nadelbäume liefern indes eine angenehme, schattige Kulisse.

Schon seit 1854 krönt der 18 Meter hohe Turm den zur Eiszeit aus Sandstein und Grauwacke geformten Fels. Benannt ist er nach dem damaligen Prinzen und späteren sächsischen König Albert. Der 64 Meter hohe Richtfunkturm ging dagegen erst 1962 in Betrieb. Der Albertturm lässt sich frei besteigen. Von seiner Spitze blickt man auch auf die beiden kleineren Brüder des Collms, den Windmühlenberg (248 m) mit seiner flügellosen Bockwindmühle und den Schlangenberg (228 m).

Vom Collm rollt man in das Dorf zurück. Wer mag, verneige sich noch auf dem Friedhof vor einer 1 000-jährigen Linde. Ob sie wirklich so alt ist, weiß keiner, doch zumindest in Nordsachsen gilt sie als konkurrenzlos. Dann radelt man auf dem gelben Weg gen Lampersdorf, biegt aber bald links in den Oschatzer Stadtwald. Wo der Wald endet, biegt man kurz nach links und dann gleich wieder rechts. Hier wartet schon der nächste historische Zeitzeuge. Mauerstümpfe und Feldsteinwände wirken wie das Bühnenbild eines Märchenfilms. Und märchenhaft im Dunkel liegt auch die Herkunft dieses **Wüsten Schlosses Osterland.** Unwirklich ragt es auf einem Hügel über einem kleinen Teich auf. Experten aus ganz Europa rätseln ob des Zwecks dieses romanischen Baus. War es ein Jagdpalast? Oder entstand er zu den Landtagen, die die Markgrafen zu Meißen 1185 bis 1259 am Collm abhielten?

Durch die reizende Döllnitzaue geht es – noch immer auf dem gelben Weg – dem dörflich anmutenden **Alt-Oschatz** entgegen. Rechts erhebt sich ein alter Wall, die **Schwedenschanze,** und auf einer Höhe links die **Pankratiuskirche** von 1330. Am Teich

Türmerwohnung Oschatz
In der St. Aegidienkirche. Die historische Wohnung im Südturm der Stadtkirche ist über 199 Stufen zu erreichen.

Kirchplatz 2
Tel. (0 34 35) 93 09 36
www.rettet-st-aegidien.de
Ostern–Reformationstag Di–Fr 14–17, Sa/So 11–17 Uhr und nach Vereinbarung

Gasthaus Zum Schwan
Gebäude aus dem 15. Jahrhundert, seit 1458 Gasthof. Älteste Gastwirtschaft Sachsens, die aus Stein errichtet wurde. Gutbürgerliche sächsische und deutsche Küche, liebevoll bereitet.

Sporerstr. 2 (Neumarkt)
04758 Oschatz
Tel. (0 34 35) 97 53 00
www.hotel-schwan-oschatz.de

Altstadt von Oschatz und Bahnhof der Döllnitzbahn

hält man sich rechts und gelangt so beim Friedhof in den wildromantischen Eulensteg. Weiter geht es dann entlang der Kleinbahn „Wilder Robert" sowie durch das Gelände der Landesgartenschau 2006. Der heutige **O-Schatz-Park** ist mit seinem Rosensee, den Rabatten und dem Tierpark ein wahres Kleinod.

Zum **Neumarkt,** einem der schönsten historischen Plätze in Sachsen, ist es nun nur noch ein Katzensprung. Ihn säumen liebevoll restaurierte Bürgerhäuser. Auch das Rathaus aus dem 15. Jahrhundert buhlt gehörig mit seiner Anmut und nicht nur wegen des später durch den Dresdner Hofbaumeister Gottfried Semper nachgelieferten Uhrenturms. Hoch über allem thronen indes die beiden 75 Meter hohen Türme der **Aegidienkirche.** Bis 1970 lebte hier gar noch ein leibhaftiger Türmer. Nun darf sein Domizil beäugt werden. Einzigartig in Europa ist auch die Schau historischer Waagen in der Amtsfronfeste an der Stadtmauer. Deren 25 Meter hoher Wachturm von 1377 darf auch erklettert werden.

Zum Bahnhof muss man über den **Altmarkt.** Dort erblickt man eine der jüngsten Schönheiten der Stadt: den Brunnen „Die vier Jahreszeiten". Skurrile Typen wie dralle Fischweiber und schlitzohrige Händler hat hier der junge Oschatzer Bildhauer Joachim Zehme lustvoll in Sandstein geschlagen.

Radtour:
27 km

Start:
Bahnhof Kühren
RE 50 stdl. ab Leipzig Hbf.

Ziel:
Bahnhof Oschatz
RE 50 stdl. nach Leipzig Hbf.

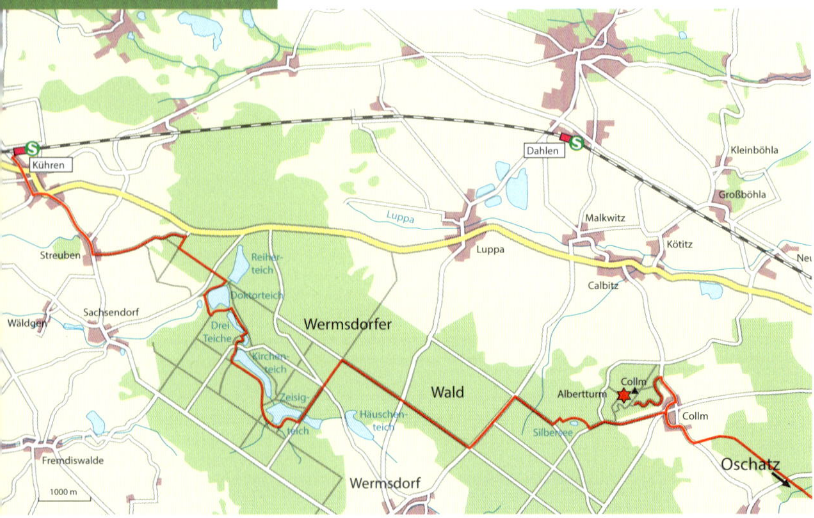

OSCHATZ
DER WINTER IST WEISHEIT
DIE BRINGT DIR EINE NEUE ZEIT

Oschatz
99 1574-5

Zu Jägereiche und Tabakskiefer

37

Dahlener Heide

Die Dahlener Heide ist das wohl traditionsreichste Wanderrevier im früheren Bezirk Leipzig. Entsprechend ausgereift sind Infrastruktur, Wegesystem und Ausschilderungen. Auch manch Highlight am Wegesrand, hinter dem sich im Grunde nur ein freistehender Baum verbirgt, beweist frühen Sinn für touristische Vermarktung. Die waldreiche Region ist bis heute höchst reizvoll.

Die Dahlener Bahnhofstraße reicht vom Südende der Stadt schnurstracks zum erhaben wirkenden Markt. Man spürt, **Dahlen** hat Geschichte. 1188 nennen es erstmals die Annalen, seit 1228 firmiert es als Stadt. Ein kurioses Bronzedenkmal nimmt überdies eine ungewöhnliche Legende hops. Denn Dahlen gilt auch als Sackhupperstadt. Das rührt daher, dass einst ein Bub sackhüpfenderweise aus der Heide bis in die Stadt gehoppelt sein soll, um den hier gerade zur Jagd weilenden Kaiser Heinrich vor Mordplänen der Sorben zu warnen. Der Junge hatte zuvor die Sorben belauscht, war ihnen aber in die Hände gefallen, woraufhin sie ihn in einen Sack steckten. Nachts hatte er indes fliehen können.

Über die Schlossstraße, die links vom Markt abzweigt, gelangt man zum Ortsausgang Richtung Torgau. Hier orientiert man sich rechts zu einem kleinen Parkplatz unterhalb des Weinberges. Man folgt auf einem Asphaltweg den Schildern nach Schmannewitz, quert die Dahle und erreicht nach wenigen Minuten den Wald. Hier hält man sich links Richtung Mühlteich. So nähert man sich dem früheren Tiergarten des Schlosses. Doch so wie vom Schloss nach einem Brand im März 1973 nur noch ein verkohlter Rumpf überlebte, fehlen hier heute auch die weißen Hirsche. Dafür entschädigen ein traumhafter Mischwald und der **Schlosspark** mit einigen botanischen Seltenheiten, darunter Sachsens ältestem Tulpenbaum.

Kurvenreich führt der Weg mal auf, mal ab, vorbei an alten Eichen und Buchen. An der **Gräfenhainer Mühle** – letztes Relikt einer früheren Siedlung – führt der Pfad über eine Holzbrücke und dann in einem kleinen Bogen durch Erlen hindurch zu einer Feuchtwiese. Hier wachsen geschützte Pflanzen. Den **Mühlteich**, der bald folgt, lässt man zunächst links liegen, bis eine sandige Uferstelle zur ersten Rast lockt. Hernach balanciert man auf dem schmalen Uferpfad über mehrere Gräben voller Sumpf- und Wasserpflanzen. So gelangt man zum Grasteich. Hier muss man rechts ein wenig bergauf bis zu einer Gruppe Rotbuchen. Dort biegt der Weg links und gleich wieder rechts ab. Damit lassen sich die **Sieben Zwerge** nicht verfehlen. Nur Schneewittchen ist außer Haus. Aber es sind ja auch keine echten Zwerge, nur putzige Steine vor einer Sitzgruppe.

Bockwindmühle Schmannewitz
Mühlenverein Schmannewitz e. V.

Torgauer Str. 3
04774 Schmannewitz
www.heidestadt-dahlen.de/freizeit/museen
Tel. (03 43 61) 5 20 84

Bauernmuseum Schmannewitz

Dr.-Alfred-Brehm-Str. 2
Tel. (03 43 61) 5 16 83
www.bauernmuseum-schmannewitz.de

Waldgasthof Hospitalhütte
Märchenhaft verwunschen liegt der Gasthof mitten im Wald. Empfehlenswert sind das Tortenangebot und praktisch alles von der Fischkarte. Der kleine Haustierzoo ist der Renner bei Kindern.

Holzstr. 4
04774 Dahlen
www.hospitalhuette.de
Mi–So 11–22 Uhr

Geradeaus lockt das Waldbad, doch man biegt links ab und läuft am Waldrand lang nach **Schmannewitz**. Das nächste Ziel ist schon in der Ferne auszumachen – eine schöne sanierte **Bockwindmühle**. Wer sich vorher angemeldet hat, darf nun auch mal ins Innere äugen. Ursprünglich, so ist hier zu erfahren, stand sie mal auf dem 1,5 Kilometer südwestlich vom Dorf entfernten Mandelberg. Ein Herbststurm hatte sie aber 1877 schlimm geknickt. Ihre Besitzer ließen sie deshalb zwei Jahre später auf dem jetzigen Standort neu errichten. Bis 1960 war sie dann auch noch in Betrieb.

Ganz nach Gusto lässt sich in Schmannewitz aber auch in einer kleinen Feuerwehrausstellung, einem Tiergärtchen oder einem bäuerlichen Museum verweilen. Andernfalls hält man sich über die Alte Lindenstraße rechts in Richtung Bucha. Kurz vorm Waldbad geht es dann links in den Tann und von hier auf einer bestens ausgeschilderten und schon historischen Wanderroute zunächst zu **Brehms Ruhe**. Dahinter verbirgt sich auch nur ein Stein, nunmehr aber ein recht großer, an den sich zudem ein Rastplatz anschließt. Das Mal erinnert daran, dass der berühmte Tiervater hier einst wiederholt Jagdgast seines Leipziger Verlegers Carl Graupner war.

Der Weg erreicht danach die **Tote Magd**, eine Stelle, an der einst ein Mädchen beim Holzholen vom Blitz erschlagen worden sein soll. Zuweilen legt noch immer jemand Zweige für sie nieder. Wenig später trifft man an einer Wegespinne, an der sieben

Schloss Dahlen

Wanderpfade aufeinanderstoßen, auf die **Jägereiche**. Ein Pfahl mit dem kursächsischen Wappen erinnert an das Jahr 1763, als hier letztmalig die Jäger des Dresdner Hofes nach einer hochherrschaftlichen Jagd ihre Weidhörner ansetzten. Ursprünglich hatte man die sächsischen Rauten in eine Eiche geschnitzt, die aber später auch der Blitz traf. Die heutige Nachbildung war 1995 eingeweiht worden.

An der Jägereiche biegt man rechts auf den Stuhlweg ein. Er führt bald zur urigen **Hospitalhütte**. Das ist ein Ausflugslokal mitten im Wald, das mit seinen umrankten Giebeln fast etwas Mystisches hat, vor allem bei trüberem Licht. Doch eine Einkehr lohnt unbedingt. Schon die Forellen und Zander im Fischaquarium gleich neben der zünftigen Kaffeeterrasse signalisieren, wie sehr man es hier mit Frische hält. Der Name des Lokals rührt daher, dass die im 15. Jahrhundert für Holzauktionen errichtete Hütte samt dem umgebenden Flurstück später dem Hospital in Dahlen vermacht wurde. Ihre heutige Gestalt aus massiven Vulkangesteinsquadern erhielt sie 1862.

Zurück geht es wieder zu Brehms Hütte und von da erneut zum **Waldbad Schmannewitz**. Für alle Badefrösche bietet der lauschige Teich, der über hundert Jahre die Sommerfrischler an- oder besser auszieht, überraschende Moderne. Etwa eine riesige Wasserrutsche sowie neben Ruderkähnen auch elektrische Boote. Gegen den kleinen Hunger wie den großen Durst weiß eine Gaststätte Abhilfe.

Der Rückweg nach **Dahlen** führt schließlich vom Parkplatz vis-à-vis dem Bad geradeaus durch die Heide. Wenn man die sieben steinernen Zwerge erreicht hat, die ihres Schneewittchens harren, ist es noch eine lockere Stunde bis zum Bahnhof.

Waldbad Schmannewitz
Seit über 100 Jahren im Betrieb, Riesenwasserrutsche, Bootsausleih, Elektroboote, Gastronomie.

Buchaer Str.
04774 Dahlen
(OT Schmannewitz)
Tel. (03 43 61) 5 97 26
www.waldbad-schmannewitz.de
Ab Ostern tgl. 10–19 Uhr, an schönen Tagen auch länger

Wanderung: 17 km

Start und Ziel:
S-Bhf Dahlen
RE 50 stdl. ab/nach Leipzig Hbf.

A

B

C

D

E

F

G

H

K

L

M

Liebe Leserinnen und Leser,

alle Angaben in diesem Ausflugsführer sind gewissenhaft geprüft. Trotz gründlicher Recherche unserer Autoren/innen können sich manchmal Fehler einschleichen. Wir bitten um Verständnis, dass der Verlag dafür keine Haftung übernehmen kann. Über Hinweise, Berichtigungen und Ergänzungsvorschläge freuen wir uns jederzeit.

via reise verlag
Berliner Straße 69
13189 Berlin
post@viareise.de
www.viareise.de

4. vollständig überarbeitete und neu gestaltete Auflage, Berlin 2024

ISBN 978-3-949138-39-3

Text & Recherche
Harald Lachmann

Redaktion
Julian Funke, Gabriela Dimitrieva

Kartografie
Annelie Krupicka, Tanja Onken, Julian Funke

Herstellung & Gestaltung
Julian Funke und Artegraph GBR, Berlin

Umschlagreihengestaltung
Nino Arndt, Berlin

Druck
Druckhaus Sportflieger, Berlin

MIX
Papier aus verantwortungsvollen Quellen
FSC® C104586
FSC www.fsc.org

Fotos
Harald Lachmann, außer:
Andreas Hermsdorf/pixelio.de 160; Andreas Schmidt/Leipzig Travel 6, 176; Alexander Michel/TTG 156; Bernstein Marketing GmbH 116; Betriebsgesellschaft Schönburg 152; Blauwasser Seemanagement GmbH 66; Casten Heinke 34 l.; Cordelia Stark 119; dina/stock.adobe.com 62; DreiH/pixelio.de 36; DZiegler/stock.adobe.com 96; EGW Entwicklungsgesellschaft für Gewerbe und Wohnen mbH 52; Falko Matte/Saale-Unstrut Tourismus GmbH 88, 132, 134, 137 u., 138; Falko Matte/Tourist-Information Naumburg (Saale) 145; Franka Seidel 46; Heinz Fräßdorf/KsDW 120; Jens Hauspurg/Altenburg Travel 158; Katja Fouad Vollmer/TMGS 172; Kulturbetrieb Schloss Hartenfels 110, 113; lapping/Pixabay 130; LianeM/stock.adobe.com 162, 178; Manuel Frauendorf/Tourist-Information Naumburg (Saale) 144, 147; Mark Lämmchen/stock.adobe.com 8; Markus Scholz/Stadtgeschichtliches Museum Leipzig 11 u.; Pavla Nejezchleba 26, 42, 44, 48, 49, 54, 58, 61 o., 61 u., 90, 93, 150; Peter Darfinger/KsDW 106, 123; PhilippHerfortPhotography/Stadt Grimma 168; ReadyForBoarding/TMGS 12, 15 o.; Reinhardt Görner/Franckesche Stiftungen 37; Schloss- und Parkverein Dahlen e. V. 188; Sina Ettmer/stock.adobe.com 66, 108, 175; Sören Wurch/TMGS 70; Stadt Halle (Saale) 34 r.; Stadtmarketing Halle (Saale) GmbH 30; Stadt Naumburg/Tourist-Information Naumburg (Saale) 142 l., 142 r.; Stadt Zwenkau 65 o., 65 u.; Standortentwicklungs-GmbH Mansfeld-Südharz/Gartenträume Sachsen-Anhalt e. V. 126; Stephanie Elgert/Gartenträume Sachsen-Anhalt e. V. 4; Stockfotos-MG/stock.adobe.com 122; Thomas Malik/Fotostudio Corinna Oschatz 182, 184 o., 184 u.; Thomas Meinicke/Franckesche Stiftungen 39 u.; Thomas Roßdeutscher/Gohliser Schlösschen GmbH 11 o.; Thomas Ziegler/Stadt Halle (Saale) 39 o.; Transmedial/Saale-Unstrut Tourismus GmbH 137 o.; wkbilder/stock.adobe.com 82; Zoo Leipzig 15 u.

Umschlagfoto vorn
Bergkirche Beucha, Oliver Hlavaty/stock.adobe.com

Umschlagfoto Klappe vorn
Gondeln im Wörlitzer Park, Peter Darfinger/KsDW

Umschlagfoto hinten
Markkleeberger See, Pavla Nejezchleba